网球少年

成长路线图 赵 月◎著

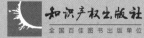

知识产权出版社
全国百佳图书出版单位

图书在版编目(CIP)数据

网球少年成长路线图 / 赵月著. —北京:知识产权出版社,2017.11

ISBN 978-7-5130-5033-3

Ⅰ.①网… Ⅱ.①赵… Ⅲ.①青少年 – 网球运动 – 运动训练 Ⅳ.①G845.2

中国版本图书馆 CIP 数据核字(2017)第 175968 号

内容提要

网球少年在训练过程中,不仅仅要提高网球技术水平和获得冠军,其运动素质、情绪管理和如何制定结果目标、过程目标,以及其父母、教练对网球的认知、教育的理念和方法,都是他们在网球路上健康成长的重要因素。

本书是作者专业训练(曾获得多个青少年网球比赛全国冠军)、几十年的教学和留美学习后,对网球训练特别是少年网球训练的经验总结,内容涉及网球启蒙、教练的选择、为比赛准备、比赛中的调节等。本书是帮助网球少年成长的"贴身教练"。

责任编辑: 安耀东   **责任出版:** 刘译文

网球少年成长路线图
WANGQIU SHAONIAN CHENGZHANG LUXIANTU

赵月   著

出版发行:**知识产权出版社** 有限责任公司	网 址:http://www.ipph.cn
	http://www.laichushu.com
电 话:010-82004826	
社 址:北京市海淀区气象路50号院	邮 编:100081
责编电话:010-82000860转8534	责编邮箱:an569@qq.com
发行电话:010-82000860转8101	发行传真:010-82000893
印 刷:北京科信印刷有限公司	经 销:各大网上书店、新华书店及相关专业书店
开 本:720mm×1000mm 1/16	印 张:8.25
版 次:2017年11月第1版	印 次:2017年11月第1次印刷
字 数:100千字	定 价:35.00元

ISBN 978-7-5130-5033-3

前　言

　　我已经从事网球训练、网球教学 30 多年了，网球已成为我生活的一部分。从六七岁开始启蒙训练，到成为一个专业的运动员和退役后的教练员，再转变成一位大学的网球专业教师，我接触了很多网球爱好者和练习者。目前，中国网球人口快速增加，更多的青少年拿着网球拍走进了网球场。家长和教练提出的孩子们在训练、比赛中遇到的种种问题，让我对这本书有了更多的责任。

　　网球可能会给予孩子前所未有的好处——周游世界的机会、上大学的奖学金、光辉的职业生涯选择，另外还有友谊、坚毅的性格、强健的体魄等。无论您是否了解网球，还是您的孩子从 5 岁或 18 岁开始学习网球，也无论您是否已有几年的网球历程，相信本书都将为您提供不可或缺的指导和实用的建议。

　　许多家长和教练在培养孩子学习网球的过程中会有各种疑惑。年轻的运动员也往往受到伤痛、无效的教学、职业倦怠、资金紧缺、家庭问题等因素的困扰。我作为一名拥有30多年网球从业经历的网球人，将通过本书把孩子们带向美妙的网球世界。

在几十年的教学过程中，我了解到在孩子们网球成长方面有许多来自于家长、教练的问题和困惑。

在网球训练和教学期间，我学习了体育教育相关学科。

在一次次的青少年教学实践中，我不断地思考一个又一个问题：为什么有的孩子选择网球运动而不是其他？该怎样引导孩子爱上网球？什么年龄是开始网球训练的最佳年龄？家长怎么判断网球教练对孩子是否有好的影响？怎样帮孩子挑选合适的拍子和鞋子？在第一堂网球课后，如果孩子说再也不想学网球了怎么办？……

在训练孩子们的过程中，我遇到的问题也越来越具体：多大的训练量才算合适？什么时候孩子们可以参加比赛？孩子们能避免运动伤病吗？在中国的孩子能否通过网球特长进入大学？选手怎样履行承诺？职业生涯是个好选择吗？……

在教学中，我会把精力用在挖掘家长教育问题的根源上，甚至会让家长直接参与孩子的网球教学，希望家长站在孩子的角度看世界。例如，我们总是说"不要对孩子的 ×× 目标要求太高"，如果让家长也同时参与孩子的训练项目，家长就会体会到练习没有那么简单。这本书提供给您直观、确定的答案，跟着书一步步走，就能避免那些问题。

我常和其他教练、家长、网球管理者或资深的专家交流，思考怎样更好地发展青少年网球运动。

这本书源于我对青少年网球几十年的教育经验，根据孩子们的年龄、网球水平和兴趣，提供安全而实用的指导，让他们寻找到自己的网球之路。

　　这本书也会给家长和教练指明方向，解疑释惑。

　　如果您的孩子很喜欢运动，我希望您能把网球介绍给他，这本书会给您帮助的。当然，我也希望听到你们的建议，和你们成功的消息。希望网球能带给你们快乐！

目 录
Contents

一、让孩子对网球感兴趣

现在的青少年会有很多体育项目选择：足球、篮球、橄榄球、网球、棒球、高尔夫、冰球等。对于项目的挑选，笔者有一个建议：最多同时学两项。一项是孩子自己喜欢的，一项是孩子必须接触的。网球最好是其中之一。

1. 为什么选择网球？

假设你是一个网球初学者，你可以问问那些网球爱好者为什么喜欢网球。

简单地说，网球容易上手，能带来快乐，让身体更健康。网球运动就像探戈舞一样，一般两个人就可以开始，当然不局限于两个人。

网球运动风靡全球。你可以借此周游全国，甚至是全世界。它也可以帮助你形成自己的性格，甚至可以为你提供奖学金和就业机会。

网球运动不是一个奢侈运动，而且安全，因为不用和对手做直接的身体对抗。身高、年龄也不是问题，孩子也可以上场。选手可以参加各种巡回赛，不像有些团队项目一定要等赛季来临。

从感情方面来说，网球运动可以使人际关系更融洽：孙子可以和爷爷一起打，也可以把其他有相同兴趣的人带到一起。

当然我们不能只看到这些，让孩子去学习网球还有一些其他原因，比如成为名人和获得高额的奖金。这些影响有时候是根深蒂固不可避免的，但是绝不能让这些商业因素剥夺网球带来的最纯真的快乐。

平衡好这些是很重要的。孩子不能为了父母去打网球，更不能是三分钟热度，要少些功利之心，多些真挚的热爱，否则一旦遇到失败就会彻底沉沦。

2. 学着去欣赏比赛

家长认真观看网球比赛是激发孩子兴趣的捷径，即使你看不懂，认为他们的拍子挥来挥去像变戏法也没有关系。对于初学者来说，你可以邀请网球朋友来家里看网球比赛，让他讲解网球规则、基本击球法和战术等；问他问题，比如，为什么要用0、15、30、40来记比分。愉快的交流，常会给彼此留下难忘的记忆。多和你的"小朋友"看几次比赛，你会发现他有可能已经喜欢上了网球。

孩子对网球感兴趣之前，不容易感受到网球的快乐。也许当你舒舒服服躺在椅子上欣赏费德勒的反手时，你的"小朋友"走过来说："爸爸，我能和你一起看比赛吗？"——你成功了！

也许之后孩子突然去一边玩了——不要惊讶，记住：孩子的注意力是很短暂的。你能做的是：当孩子在和你一起看网球比赛时，耐心回答他问的每一个问题；不要在你喜欢的选手得分时大声叫好，也不要在他失分时长吁短叹。

让孩子对网球有兴趣的最好方式就是让他看有趣的网球教学，观看职业巡回赛也可以，但是对于较小的孩子为时尚早，因为在潜意识当中，孩子会过度重视比赛的输赢。而且你也不知道一个选手什么时候会突然发狂、乱扔拍子或者叽里咕噜骂人。毫无疑问，这些会使他们错误地认识网球。

所以， 你应该选择一个有趣的网球团队教学课堂，带你的孩子去看五六节课，最好课堂里有个年龄稍大的孩子一起学习。有计划地让你的孩子参加球场上的游戏，让他的兴趣越来越大。笔者的一个学生，他们家有三兄弟：大哥、二哥和果冻。最先和笔者学习网球的是大哥，后来二哥跟着大哥一起学；果冻在两岁多的时候就一直跟着在球场里玩耍，到 4 岁多时他就能拿着球拍开始第一堂课了。

在观察中学习会让孩子站在球场上时更有信心。看网球课会让孩子认识到网球很有趣，让他觉得自己也可以在学习网球中找到快乐。如果引导得顺利，孩子很快就会缠着你让帮他报名了。

3. 一起阅读

针对学龄前儿童的网球活动和网球故事的外文书较多，当然现在也有以网球为题材的动漫。尝试在网上查看资料和搜索信息，如果你找到了相关的书籍，把那些有趣的故事读给孩子听；也可以做一些和网球有关的游戏，如画网球、给场地绘色之类。这都是激发学龄前儿童对网球兴趣的绝佳方法。这些努力以后会在球场上得到回报的。

学习网球刚开始可能有点磕磕绊绊，但要坚持，多看网球巡回赛，多阅读职业赛场上那些精彩的故事，激起孩子内心的信念。目前，国内图书市场上有网球职业选手传记，如《阿加西》《德约科维奇：一发制胜》《温网荣耀，穆雷自传》和李娜的自传《独自上场》。

4~8 岁的孩子，能够阅读的网球书籍就更多了。忽略那些赞美网球明星的文章，把注意力集中到网球故事上，用娱乐的方式给孩子讲解网球规则。

4. 球场外的游戏

两个影子，一个大一个小，在阳光下不断地追逐……

原来是一对父子在和煦的阳光下，玩踩影子游戏。父亲不断地左右躲闪，避免儿子踩到自己的影子。球场外的游戏可以推荐给 4 岁及以下的孩子们。许多为他们设计的游戏，可以帮助他们打好网球基础。

亲子游戏可以在球场外任何一个安全的平地上进行。在家里的客厅、小区内、广场上相互传球和拍球，都能很好地促进亲子关系和孩子手眼配合能力的提升。研究表明，不同的运动素质在人体生长发育的不同年龄阶段增长的速度不同。运动素质发育敏感期中的协调能力和柔韧性从 4 岁就已经开始了。

5. 平衡

平衡能力对网球运动员至关重要，通过下面这个游戏你可以培养孩子的平衡能力。让你的孩子一只脚站着，两只手向两侧伸出来平衡自己。家长可以与孩子进行友谊比赛，看谁能坚持更久，孩子在必要时候可以摇晃，但是家长不可以。

6. 药球

药球可以帮助孩子发展知觉动作，为将来的网球技术打下坚实的身体基础——可以使用 2~4 磅的药球，或小号橄榄球。两个身高相当的孩子，像网球发球那样把球扔给对方。

当孩子这样练习了一段时间之后，可以变化姿势：像底线正手击球那样双手持球从体侧转体扔球，然后再从另一侧扔球。

7. 跳绳

跳绳不仅有趣，而且可以提高耐力和身体协调能力，寻找那些可以调节长度的、有缓冲把手的、由耐用的塑料制成的绳子。在练习过程中可以变着花样地编花。双摇是锻炼身体协调能力的升级版，1 分钟跳 136 个是不错的成绩。

8. 抛球法

教孩子变戏法是很有趣的。我们看马戏团表演的时候，经常看到小丑抛物杂耍。刚开始抛两个网球或沙包，在几个星期的练习之后可以抛 3 个网球或沙包，这样可以练习孩子柔和的手感和手眼配合的能力。

9. 变向球

你可以让孩子在任何时候笑着去追变向球。这种球由橡胶制成，上面有很多凸起，弹跳起来变幻莫测。玩变向球可以很好地发展孩子的手眼协调能力。

10. 当球童

当球童，是最有趣的个人经历了。有时候，球员会给球童意外的收获——球员的一个制胜分网球或者一把网球拍。但是不要让你的孩子借此向其他人炫耀。我的美国导师的孩子，正是给张德培做球童时，获得签名受到了鼓舞后，深深地喜欢上了网球，并通过网球进入中学校队，最后成功选入大学。

不是让孩子必须去职业巡回赛中当球童，当一个小妹妹在看她的哥哥练习网球时，你教她如何捡球后，她就会有滋有味地完成她的小工作。不久的将来，也许你可以把拍子递给她啦。

大多数巡回赛需要 10 岁以上的球童。这需要事先训练孩子的眼手配合、脚步、抛球和抓球等技术动作。如：底线后的球童要训练如何抓到 Ace 球，并且将球扔回到发球的地方。他们可以待在两个地方——网柱边上、底线后面。

当球被打下网或者打出界时，球童的工作就来了：他必须在球停下来之前抓住球，然后把球扔给位于发球球员一方底线的小伙伴。

二、让孩子接触网球

现在欧美国家已经开设了 2 岁孩子的课程。细心的家长都知道，买把迷你的网球拍或短小的羽毛球拍，还有不会弄破的泡沫球或气球作为婴儿玩具，这些都是为了让孩子尽早接触网球而另辟蹊径。

1. 激发兴趣

常识告诉我们，在深入了解这项运动前，3 岁的孩子对网球只有一些基本的理解和简单的运动技能。之后，你可以用一些温和的办法来激发孩子对网球的兴趣，测试孩子对网球的热爱程度。

下面有些简单的办法把网球介绍给孩子：看一本有网球图片的书，玩划桨游戏或者玩泡沫球，看电视时给孩子讲解网球比赛，观看一个当地巡回赛的同时吃一次野餐，参观一个网球俱乐部。参加这些活动的同时你也可以看看孩子对网球的兴趣有多大。

许多家长知道在孩子表现优异时奖励孩子。你可以问你的孩子是否期望在表现优异后被奖励一把儿童网球拍，或者去网球场上玩球。家长一定要留心观察孩子何时开始自发地津津有味地观看网球比赛。如果孩子对网球的兴趣没有更多发展，你可以在几个月甚至一年后再提出这件事情。如果孩子这时候决定拿起网球拍，那么他是真的对它感兴趣了。这时候也是学网球的绝佳时机。

2. 让孩子着迷

10岁大的孩子，如果一直受到教练的鼓励、家长的支持，那么到16岁很可能还会喜欢网球。家长和教练的鼓励很重要，可以使孩子达到最佳状态。

这里有很多著名的例子。一些网球公开赛的选手，如康纳斯、贝克尔、桑普拉斯、休伊特、萨芬、阿加西、辛吉斯、费德勒、纳达尔、穆雷等，他们的爸爸或者妈妈都在他们小时候的网球学习中起着至关重要的作用。

当然这只是网球故事的一小部分——有些家长从来没有打过网球，但是做了所有力所能及的事情来支持自己的孩子。阿加西的父亲曾亲手为他在后院建造了一个网球场，休伊特的父亲建造了一个小一些的场地，贝克尔的父亲请教练来教只有8岁的贝克尔——在他设计著名的巴登网球中心以前。

桑普拉斯的父母自己给孩子们喂球，因为他们请不起教练。当然有些选手也是网球世家。小康纳斯还在摇摇晃晃走路的时候，作为职业教练的爸爸就把网球递给他。萨芬的父母也都是顶尖的网球选手，纳达尔的舅舅是他的终身教练，穆雷的母亲也是一名网球选手。辛吉斯的妈妈也曾是一名网球选手，因欣赏玛蒂娜·纳芙拉蒂洛娃，所以给女儿取名玛蒂娜·辛吉斯。

给孩子喂球，和孩子玩课堂上教的游戏，鼓励孩子打壁球，和邻居的小孩们一起玩耍，或者简简单单地在家认真观看网球比赛，都会增强孩子学习网球的动力。

即使一对父母参加网球课程前从来没有摸过球拍，每次从俱乐部回来时都笑哈哈的，也会给孩子传递网球是快乐易学的信息。不会打网球的家长，也可以通过成为当地网球协会的志愿者来激励孩子。任何家长做的与网球有关的事情，都必然会增强孩子学习网球的兴趣。

记住，仅仅上课是不会牢牢锁住孩子的心的。家长和孩子一起练习，增强与教练的联系，孩子才会更快地走上网球道路。家长是不是网球运动员并不重要，真正重要的是家长应该在付了学费后做更多的事，如把孩子送到网球场地。

3. 家长和孩子一起训练

让孩子在融洽的环境中学会面对失败，家长和孩子一起打球是一种不错的方法。其目的是让孩子跟一个更强大的选手比赛，让孩子学会接受失败，并且想办法寻找突破。

首先，家长不能这么和孩子说："来吧，我们去打一会儿球，我来教你怎么输。"家长必须认识到，当看到 10 岁的孩子跑到场地那边，并且知道你要打败他，是多么可怕。选一个适合孩子的比赛规则很重要。例如糊糊和浩浩是某网球训练营 4~6 岁组的学生。在教学安排中他们已经学会了简单的计数和累加，开始进入计分的阶段。糊糊比浩浩小一岁，在比赛的过程中总是输，活泼开朗的糊糊开始不喜欢比赛。根据以往的比赛分数，教练调整了计分规则：设定比赛为 7 分，浩浩比分到 7 才算赢，糊糊到 5 就算赢。其实网球运动既是一项和对手的比赛，也是一项和自己的比赛。对于孩子们来说，适合的规则很重要。

当孩子可以持续多拍的时候，和孩子打个小比赛是挺不错的选择。把比赛规则定得对孩子有利，要让孩子开心。俊一的爸爸平时很忙，但周末会抽出时间来陪他玩一会儿网球。刚开始俊一总是会输，当然俊一也会显出很气馁的样子。这时请家长忽视比赛结果，鼓励孩子看到自己努力和表现不错的地方，并且在下一个计分中提出一些中肯的目标——比上一次多拿一两分，或者多打几拍等。

在比赛的规则上可以设置得对孩子更有利一些。比如家长不能用一发，前三板不能进攻，只能使用挑高球技术等以改变比赛规则。

很多时候，孩子们并不知道应该怎么处理来球，因此作为家长也需要不断地学习网球知识。对于可以比赛的孩子，战术和策略的掌握要优先于技术。当对手的回球落在球场的深区时应该怎么回应？什么是进攻球的位置和机会？家长们也需要更多地研究。

"四球冠军"是另一种游戏，这种游戏和平常打网球差不多，孩子必须在第五拍赢得这一分，要求家长不能打制胜分。当然也可以规定是第三拍、第六拍或者第十拍。随着孩子的进步，对家长的水平要求也越来越高。

还有其他方法，比如家长刚开始就以分数 0∶30 落后，或者在一盘中以 0∶2 落后，或者让孩子在发球线发球。挑一个适合孩子水平的难度，奖励他的努力。

三、教练的选择

1. 家长就是教练？

一个职业网球教练，在尝试教自己孩子网球之后，失望地离开场地，无处发泄他的沮丧："我不认为我还能在网球场上管住他，他对网球没有一点兴趣。"父母和教练的双重身份是家长必须面对的挑战，家长想做一个好的教练可不简单。

当一个家长是个职业网球教练，或者是个高水平网球运动员时，很自然会想自己来教孩子网球。那么,家长和网球教练哪个角色更适合孩子呢？一些专家认为一个人不能肩负两个角色，尤其是你的孩子已经成为青少年时。但是仅仅担负起家长的责任，袖手旁观也是不可取的。尤其在参加比赛的时候，一些摩擦会把教练和学生扔进火药桶。

作为孩子的家长，如果你想当自己孩子的教练，可能是你心之所向，或者找不到合适的教练，或者想在课程上省钱，不管出于什么原因，我建议在开始阶段你不要当教练。网球训练的时候，一定要抱着和孩子玩耍的心态，而不是去直接教他们网球。如果你的孩子在体育中感受到快乐，那么学习就是自然而然的事了。记住这个最基本的道理，你就会成为孩子最好的教练。

不管你选择是否教孩子打网球，最初几年一定要和孩子快乐相处。你可以当孩子长期的陪练，或者给他喂球。不要假想着自己的孩子能成为一个成功的职业运动员并且也让他那么想，因为当孩子选择一个将从事终生的体育项目时，需要经过感情上的细细思考。能给孩子一个美好的网球回忆的家长，才是好家长。

2. 证书

挑选一个合适的教练是家长最重要的工作了。拥有职业网球教练证书的教练对于家长来说是更好的选择。

你可以从网球俱乐部、社会活动部门寻找。但最好是找到有网球教练员证书认证的。拥有证书的教练员都是经过标准网球教程的培训学习和通过考核者。

找到一个拥有证书的教练是好的开始，国内大致有三个教练员培训体系。ITF（International Tennis Federation，国际网球联合会）证书是由国际网球联合会与全球各国家网球官方协会合作，共同组织的网球教练员培训。其根据课程分为三级，根据技术水平由低到高分为一级、二级和三级。其培训教学的对象主要是全国各省市专业队教练员。

USPTA（United States Professional Tennis Association，美国职业网球协会），成立于 1927 年。2010 年 10 月正式进入中国。USPTA 新认证成员从低到高分为三个等级，分别为：职业三级教练员，职业二级教练员，职业—教练员。职业水平分级是衡量教练员整体水平的标准，也是USPTA教练员主要的分级。根据教练的教学时间来分，一级教练不仅通过了熟练性的测试，而且拥有了很长时间的教学经验。对于发展中的教练也是另一个选择，这些教练没有职业网球经历，他们可能是兼职教网球，也可能带着一个高中网球队。USPTA教练员所学课程包括选手该如何发展、青少年网球、设施管理等。接受过这些课程教育的教练，对孩子会有很大帮助。

PTR（Professional Tennis Registry，职业网球教练员组织），由Dennis Van Der Meer（丹尼斯·范得米尔）于1976年创立。其原名为USPTR。2002年为了突出协会的全球化，正式更名为PTR。该证书证明教练是协会成员、指导员，或者职业运动员。PTR于2001年进入中国，目前开设了PTR AD成人认证班、PTR JD U10认证班、PTR JD 11~17认证班、PTR PERF高水平认证班等课程。

另外，USPTA和PTR同属于会员制。USPTA会员共分为七类：申请会员、认证会员、发展级教练员、合作会员、荣誉会员、轮椅认证教练员及退休会员。USPTA和PTR都有自己的教学体系和相应的教学文件以及自己的杂志。它们一直坚持对教练员培训，并对培训内容信息不断更新。

3. 第一个教练——启蒙阶段

很多年之后，家长和孩子会发现他们实际上需要三种教练：启蒙教练、发展的教练，还有使孩子表现更好的教练。第一个教练教孩子一些基本功；第二个指导他参加省市俱乐部或中小学生水平的比赛；第三个就会让孩子提高到全国水平，可能会开始参加巡回赛。

显而易见，最开始选择一个好的教练是至关重要的，他甚至会影响孩子是否能坚持打网球。另外，养成正规的动作是很重要的，不然前几年错误动作一旦形成，以后不得不通过大量训练来纠正。

在俱乐部时，不要对主教练和网球指导员的水平太担心，把孩子交给教练是你的决定，这也是在教你的孩子——为了找到合适的教练，你已经拥有了特殊的品质。

对孩子的第一任教练而言，把课堂变得有趣的能力是十分重要的。教练应该和孩子轻松愉快地交流，擅用比喻来解释击球和技术动作。比如，教练可以把截击用"成功"的手势来解释。

因此，你需要做出选择：一个是上课时呆板严肃的高级教练，另一个是能运用游戏让孩子快乐的级别略低的教练。毫无疑问，应选择一个能让孩子感觉有趣的教练。如果孩子能从中获得快乐，那么孩子训练的动力和网球水平的提高会接踵而至。

孩子在课堂上感觉快乐，不仅仅是源于教练教课的方式，也源于教练的态度。有的教练认为付出多少热情就会得到多少回报，于是创造一个不断尝试新事物的环境，并且能在其中注意到有特殊能力的孩子，哪怕是在团队教学中。

家长做好评定的唯一方式就是观察教练的课程：列出那些有前途的孩子的名单，观察他们上课的表现；抽出 3~4 个星期的时间去看两三节课，观察自己的孩子。花这些时间是十分值得的。最后，教练会决定孩子是否继续学习网球。

4. 第二个教练——发展阶段

在欢乐和游戏中度过了几年启蒙阶段之后，孩子将进入发展阶段。在启蒙阶段，教练的职责就是让孩子对网球产生兴趣，并且教一些基础动作。但是网球并不一直是这么简简单单的，在新的发展阶段，需要一个新的教练来扮演新的角色，给孩子提供新的能量。

发展阶段大概处在孩子即将成年的时候。在这个阶段，教练要传授孩子更高的技术并要求以更严的纪律。和这个阶段的孩子一起学习网球是一个新的挑战。当然，如启蒙阶段的教练能够同时带第一阶段和第二阶段是最理想的。

选择发展阶段的教练，除了一些基本的要求（如教练证书）和使训练有趣的能力等，还有以下两点具体要求。

（1）充分的时间。寻找一个全职教练，因为教这个阶段的孩子需要很大的精力，能和孩子在比赛前一起训练也是很重要的。而且这时候的孩子需要情感上的教导，不仅仅是网球技术学习。

（2）全面的提升。最好的教练会让孩子变得更加优秀，而不是让某一个选手变得优秀——每个方面都要有进步，心理上、生理上、策略上，和技术上。这些比在一连串的轻松取胜后却在高手面前崩溃更重要。这种引导孩子的能力尤其重要。比如，能达到持续的 60% 的一发命中率比排名上升更重要。

5. 第三个教练——高水平阶段

这个阶段意味着在整个地区甚至全国都排在前几名。这时候需要家长陪伴的时间渐少，选手更多的时候是和教练一起训练、比赛旅行等。

找个像波利泰尼（1000 美元／小时）这样的教练是有必要的，如果你想要教练有一串厉害的记录，并且在你孩子身上多花时间。在中国也能请到一些有名的教练。比如，李娜的前任教练卡洛斯。

教孩子训练网球，总是一种挑战，有时候教练也会发火。如果教练这些年来带的球员都有一个好的名次，说明他很有一套，你的孩子也会很优秀。

6. 教练的更换

家长也可能因为搬家、时间冲突等换教练。不管原因是什么，换一个新教练时力求做到顺利过渡。

对孩子来说，最难的转化就是从刚开始的快乐游戏变成更多技术性的练习。最好的办法是：让孩子跟着第一个教练上课，另外跟着第二个教练学习技术；第二个教练逐渐地增加课程，最后一个人训练孩子。

这种转变可以持续一年甚至更久，对有些孩子来说这种转变永远无法彻底完成。莎拉波娃的爸爸一直是她的启蒙教练。她曾选择了很多教练来作为补充，每一位都让她有了新的进步。

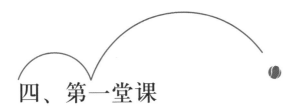

四、第一堂课

很多本来可以成为阿加西、卡普里亚蒂，或者有无限美好前景的小球员没有在网球之路上走得更远，可能仅仅是因为第一堂课不合他们的口味。你去听听那些初学者的感受就会信服。

想想一个 4 岁和 10 岁从来没有接触过网球的孩子，参加一个有网球基础的 8 岁组初学者训练班，第一节课就教正拍、反拍和截击，那么很有可能这两个孩子会充满沮丧放弃网球，因为他们根本无法跟上节奏。

第一节课重在兴趣引导。这种激发兴趣的课程在 6~8 节之后，使用形象的动作，让孩子模仿网球的技术动作。学员也必须由年龄相近的孩子组成，哪怕只教两个小孩。

1. 合适的年龄

如果你问一个教练或者专家，几岁是最适合开始学习网球的年龄，他们一定会告诉你，任何时候都是可以的。有些人认为 3 岁最好，有些人认为 6~9 岁最好。最权威的专家会告诉你，"无论何时，只要你的孩子准备好了"。

真正聪明的专家在听到这些问题的时候都会装傻，因为当家长问什么年龄适合学习网球时，潜台词是"什么时候学网球可以让孩子拿到温布尔登冠军"。

2. 靠谱的课程

再怎么强调第一节课的重要性也不为过。对第一节课有兴趣，孩子还会来上第二节课。如果第一节课就教孩子反手击球或者发球，就可能导致他对网球失去兴趣。

忘掉手眼配合、步法、正手击球那些东西吧，启蒙课程就一个任务：让孩子还想学第二节课。第一节课可以讲笑话、玩游戏，甚至引入那些和网球毫无关系的东西，并且不要忘了分发糖果。只要能让他们咯咯笑起来，做什么都是可以的。在接下来的课上也做到这些，比单纯讲解手眼配合等有用得多。

3. 团队合作的重要性

团队的合作取决于老师指导网球训练的方式。娱乐式的网球课堂可以少到 2 个学员，多到 30 个，年龄不限。

集体课一般有 6~8 个学员。由于他们水平相当，一起进步，孩子们尤其喜欢这种课。集体课的缺点在于总是强调技术，大约三个学期后，学员在进步上将出现明显的不同——这也是专家觉得应该像疾病一样预防的情况。一段时间的集体课之后，有的孩子会感觉自己水平落后，可能只有一到两个孩子愿意再来上课。所以最好在孩子刚接触网球并且水平差异很小时上集体课。

一对二授课，一般是由经验丰富的教练授课（每小时收费200~500元）。如果你的目标是尽可能快的进步，上这种课也是值得的。我们经常看到一个中上水平的孩子在上好集体课之后偶尔上几节私教课。

小班授课，指教练对水平、年龄相当的2~3个孩子授课。小班授课是初学者开始学习网球最好的方式。对初学者来说和别人一起学球是快乐的，并且可以有个好伙伴一起练习，一起进步。事实上，小班授课是零基础学员学网球最好的形式了。

对于启蒙课程，家长应明白这是属于第一次学球的年龄相仿的小孩。有时候孩子半路参加一个同龄孩子的课程，然而其他孩子已经学过一两年了，或者虽然大家一起开始学球，但是年龄各不相同。不管什么情况，新加入的那个孩子，尤其当他年龄更小时，他离开场地时往往非常沮丧，因为他做不到那些他认为自己应该做到的事情。

有经验的教练在教无基础或年龄有差异的新加入的孩子的时候是不会让他（们）感到沮丧的。但是作为家长，还是避免为妙，最好的方法是让他加入年龄相仿、都是零基础的集体课。

4. 上课方式

即使在一个初学者组成的集体课上，也是要强调快乐和团队游戏。对网球不甚了解的家长可能认为启蒙课程是无意义的，甚至有的家长会要求退学费，因为他们觉得这根本不是网球课。为了防止这种情况出现，教练可以在第一节课时和家长做互动交流。第一节课的授课内容、顺序如下。

（1）教练和家长的会议。在新的一期课程开始前，需要教练和家长互相答疑的环节，讨论一下目标、观点、礼节。

（2）邀请家长来帮助喂球、脚步训练等，和家长一起创造一个和谐的训练环境。

（3）每节课的开始、结束部分进行5~10分钟的伸展练习，最好在热身和放松阶段跟孩子愉快交流或者玩游戏。

（4）每节课都加入一些思想上的训练，比如怎么应对失败，怎么学着去赢，怎样集中注意力，等等。

每次课结束后，要记得给孩子礼物。如果孩子能带回家一些小贴纸或者泡沫球，他们一定会很高兴的。

如果孩子离开网球场时笑眯眯的，第一节课就成功了！

5. 学习的顺序

在之前的网球学习中，孩子们先学习技术，再学习战术。刚开始的学习内容是正反手、发球等，并且不断重复训练，孩子们逐渐能参加比赛。然而很多初学者并不能在比赛中发挥出他们所学到的技术，因为他们还没有学习在比赛时如何运用特定的技术。

当一个年轻球员参加网球俱乐部的比赛时，战术比技术更重要。教练把两者结合起来，对零基础和初学者尤其有效。

教练在指导战术时，通常会遵循以下教学顺序：

（1）比赛；

（2）欣赏比赛：给孩子时间，让他们观看比赛，知道都有哪些比赛及比赛规则；

（3）战术意识：在教如何比赛时多答疑；

（4）做出决定：该做什么？该怎么做？

（5）执行能力：通过个人的行动才能获得；

（6）在比赛中实践。

6. 游戏与引导

下面的游戏适合初学阶段的孩子。

（1）"周游世界"。

8个孩子在球场上，两边各有4个孩子，用双手把一个很大的柔软的球扔向网的另一边，球落地弹跳一次后必须被对面的孩子抓住并且扔回来，扔完球后马上跑到对面场地的队尾等待。

问题：你该把球扔到对面场地的哪个位置？在哪个位置可以更好地接到球？

（2）Ralleyball（回合球）。

两人分别站立在两侧发球线上，用泡沫球打迷你比赛，第一次允许有弹跳，接下来不允许有弹跳，鼓励孩子们自己制定规则，如在发球时呼报比分。

孩子们要思考的问题：你该把球打向哪里才能赢得这一分？接球时你应该站在哪里？当对手站在场地后面的时候你该把球打向哪个位置更容易得分？如果对手站在场地前面你又该把球打向哪里才更容易得分？

当孩子们理解在比赛时应该做什么的时候，他们才会渐渐想着增强技术。教练可以示范这些技巧，让他们演练，分别指出每个孩子的错误并且纠正。

课的重点是让孩子自己提出问题，让他们理解规则和技巧，然后解决问题。教练要记得游戏是重点，并且让孩子感到开心。

7. 一周一次课

有时候孩子可能一周只上一节课。最初阶段，即使他在课上很开心，但孩子毕竟是孩子，家长要注意督促他们去上下一节课。在上过几节这样成功的课之后，孩子会自己做出选择，可能会要求上更多的课。

在启蒙阶段少即是多。比如俊一，最开始参加了一周一次的网球课程，特别喜欢，于是要求一周两次课。俊一妈妈给他安排一周一次私教课，一次学校的集体课。俊一妈妈运用反向心理学，让孩子自己在做好功课和收拾好房间的条件下才可进行网球训练。这样，俊一觉得网球课来之不易，就更珍惜每次训练。

罗伯特教出了奥斯汀、桑普拉斯、达文波特等著名球员。当谈到他是如何启蒙他的得意门生时，他说："你可以叫出我教的每一个球员，他们一个星期只和我待一个或者两个小时罢了。"

五、伙伴训练和其他训练方法

1. 找到场地

仔细挑选适合孩子的场地。现在免费的网球场地不多，但是在体育公园或者周边小区里可以找到不错的网球场地，而且也不会太贵。有些俱乐部可以预约，白天非黄金时间段不会太贵。室外网球场每小时在 40~80 元，晚上开灯可能会再加 20 元灯光费。室内的场地可能比较贵了，尤其在黄金时间段，不过三五个孩子一起分摊费用也是一个不错的选择。

不要忘记了大学和高中校园内的网球场地。那些场地维护得很好，而且在本校学生没有课的时候会向公众开放，价格也不是太贵。

2. 找到一面墙

找到一个场地可以有很多途径，但是总有你找不到场地的时候。

所以你需要有备用的计划：可以在球场外做游戏让孩子感兴趣，最好能在附近找个能打球的墙壁。很多网球游戏都是可以对墙进行的，你可以在墙上做一个目标记号，还要记得打球时减小拉拍，就可以了。

除了墙，也可以考虑反弹网。这种反弹网在网店可以买到，是场地内外练习的绝佳选择。它只有 15 斤左右，可以放置在任何平整的场地上：小区的水泥路上，死胡同里，体育场或者后院。

很多职业选手都使用过这些方法。塞莱斯和她爸爸、教练一起在停车场的墙上进行训练，墙、反弹网是绝好的击球训练对象——它们任何时候都能把球弹回过来。20 世纪七八十年代，我国专业队的很多网球运动员都打过墙球，因为当时的训练条件没有现在这么优越。笔者小时候的基础训练，就是打墙球，每天 1 万板。

然而，专家担心墙球训练并不是那么可靠：一遍又一遍重复错误动作，会使孩子更难进步。所以孩子首先要向教练学习正确的击球方式。如果训练正确的话，对墙练习可以提高他的持续能力、稳定性和注意力。

对着墙练球不一定是单调的。一个人对墙训练时，他可以像和其他人打比赛一样，如"个人和团队对墙练习方法"。

3. 正确的打墙球方法

对墙练习过分用力会使球比真正的对手回得更快，这会导致孩子的击球点偏后，让孩子不自然地击球。下面是些让孩子正确训练的建议：

（1）选用已经用过很久的旧球。

（2）当训练击打落地球时，可以选择击打球的第二次弹跳而不是第一次。

（3）为了给自己充分的反应时间，他可以站在距离比网前到底线再远 1m 的地方，这个长度大约是成年人的 14 步。

（4）在身体前方击球。

（5）用绳子或画在墙上的线来充作网，大约距地 1m 高。

（6）在墙上的"网"上方放置一些标志物，来帮助训练发球。当然如有一个训练器就更好了。

（7）最后，务必记住：训练时一定要有一个计划！

4. 课后练习

当著名的西班牙大提琴家卡萨尔斯被问到为什么在 85 岁时还每天练习 5 小时，他说："因为我能感受到我每天的进步。"网球训练也一样，课后练习很重要。

和孩子一起制订一个训练计划，有规律地进行训练，让孩子使用课上学到的技术。如果你不知道孩子学到了哪里，可以和教练交谈，让他提供一下教学计划。

和孩子一起训练需要耐心，最好的办法是用游戏引导。如果有什么你不赞同或者不理解教练教给他的技术，千万不要在孩子面前说教练的不是，你可以事后和教练单独谈。

尝试角色扮演，让你的小孩扮演教练，你来当学生，保证你们都能很快乐。尽量突出孩子的优点，不要老提他的错误。记住：教练在教孩子技术的同时，家长也要扮演更重要的角色，教他人生的道理。

家长和孩子一起训练是很好的亲子时光。我很怀念小时候妈妈陪我一起训练。记得还在业余体校训练的时候，一个周末的中午，太阳高照，酷暑难耐，其他的队员都回家了。妈妈告诉我"十滴汗水一分成绩"，然后我就努力地打墙球，自己的汗水滴在地上，我一滴一滴地数着。当数到十滴的时候，我兴奋不已地告诉妈妈"我已获得一分成绩"。妈妈笑着肯定，但和我说那只是比喻，其实还远远不够。后来进入专业队一个人训练的时候，我总是回想起这段往事，总会对自己说"还远远不够"。这是我和妈妈之间的故事，这样的故事还有很多很多……现在我长大了，妈妈却老了。当我们聊起往事的时候，只要说一句话，常会会心一笑。

5. 训练视频

走路是一项简单的周期性运动，相比之下网球运动是更复杂的活动，它不仅仅是简单的重复动作，还涉及战术。很多著名选手通过视频和图片来学习技术，使水平得到提高。威廉姆斯姐妹的爸爸给初学网球的她们看了很多视频。观看训练视频对中等水平的选手来说很不错。最好把技术动作剪成一帧一帧来看。

幸运的是，家长、教练甚至初学者，都能轻易找到像梅西、波利泰尼这样的大师精心制作的训练视频。网球教学视频无疑会使教练变得更好，也会使中等水平的选手提高技术水平，改正错误。这种视频甚至能使不会打网球的家长了解教练到底在教什么，并且知道孩子怎样才能表现得更好。

6. 电视

试试如下的做法：让孩子在电视上看 1 小时的汽车拉力赛，然后和他一起坐在驾驶椅上，猜猜他会怎么做？他会扭着方向盘，就像电视上赛车运动员那样。我两岁的儿子只要一站在驾驶座上就会扶着方向盘学我开车。

尝试让孩子在电视上看激烈的网球比赛，他们的大脑中会形成相关动作影像，以后教球就方便多了。

除了注意比分和那些有魅力的运动员，一边看一边像裁判一样播报比分也是很有趣的。看比赛时更应该注意以下几点：

（1）选手什么时候以及怎样上网的；

（2）接发球选手在底线的位置，他们在接发球时是如何反应的；

（3）关键分时选手怎么表现的：抢七、平分、破发点以及盘点时；

（4）专家是怎么解说的。

在电视上看网球比赛时，一定要积极思考，融入比赛当中。再次强调，孩子的注意力容易分散，所以如果孩子在房间内走来走去时，不要惊讶，更不要生气。

7. 巡回赛

有人喜欢在前区包厢中观看比赛，有人喜欢在家看高清电视的转播和特写镜头。在前区包厢可以看到电视中看不到的细节，比如发球和相持的速度、球的过网高度、旋转球的奇怪弹跳，以及让人振奋的势大力沉的平击球。

现场看网球比赛，沉浸在巡回赛的热烈喧嚣中也是家庭难忘的经历。如果那天足够幸运，莎拉波娃说不定还可以给孩子签个名。

现在有很多的比赛如 ATP、WTA、ITF 等在中国举办。如果身边没有这样的赛事，去看看业余比赛也是不错的选择。现场的气氛会让孩子更专注网球训练。

8. 找到一个练习搭档

当孩子能够坚持打几个回合的时候，家长最好能和他一起练。当你不能和孩子一起练时，可以求助家庭其他成员、邻居、朋友或水平差不多的孩子、当地学校校队成员。好的性格、纪律性、耐力以及幽默感和网球水平一样重要。

除了一对一的练习，你还可以组织孩子和队里其他成员一起练习，但一定要有成年人监督，你也可以参与监督。记住，我们的目标是让孩子重复和加强课上学到的技术，所以即使是家长，有合理的技术，也可以帮助训练。

在孩子巩固持续对拉水平时，我们要强调一对一的训练。他可以尝试和任何水平的同龄选手对拉。当然，对面站的是一个更有竞争力的选手时，他应提高相持水平，并且学会怎样在压力下打球。

和相同水平的选手练习可以有效地减少受迫性失误。两个人水平相近，谁犯的错误更少就能获得胜利。和水平略低的选手打训练性比赛时，可以学会抓住机会，尝试上课学的技术、方法。这对双方都是有好处的。

去教练课上找可以和孩子一起训练的同龄搭档吧。一般来说，教练的课堂上有各种水平的学员。给孩子找一个水平略高或者略低的搭档比较合适，当然相同水平的也可以。

在学校、网球俱乐部、社区组织都可以找到适合孩子的同龄搭档。你可以通过球龄来大致判断他们的水平，但最好使用美国青少年网球水平级别的自测系统。

9. 团队练习

团队练习，对于孩子们来说是一个很好的训练方式：他们可从中学会合作、竞争。团队练习的环境是宽松的，减轻了一个人承担和面对的多重压力，孩子们更喜欢团队游戏。

10. 多球训练器

当你的孩子能够熟练运用反手切削时，可用发球机来加强训练。阿加西的父亲知道这个道理，他在底线后面放置了一排训练器，阿加西不得不一个接一个地打球。

当然首先向职业教练学习正确的技术动作是很重要的，否则，孩子会不停地固化错误动作。

我们知道发球机是个厉害的训练搭档，它可以弹出预设了速度、旋转、高度、深度、方向的球，并且可以大量消耗你的能量，但是我们的主要目的可不是锻炼体力，所以记得准备好训练计划。

如今市场上买到的发球机可以打出任何种类的球，如平击球、挑高球、上旋球以及切削球。训练器也可以把球发到场地上的任何位置，使模拟比赛成为可能。训练器可同时设定两种模式：第一个球发得很深，第二个球比较浅，需要上网截击。

或许有一天，发球机会"知道"你的回球：观测到你打了一个深球后它会打出一个穿越球，打出低而重的上旋球来迫使你回出一个软球，下一个球就直接制胜分并且压在线上！

六、最佳状态

1. 正确的目标，正确的方法

"孩子都18岁了，学习网球是不是太迟了？"这可不好回答。如果他的目标是赢16座大满贯打破费德勒的纪录，的确太迟了。如果他想参加一个俱乐部并且赢得当地比赛冠军，也许并不太迟。

16岁的时候开始学网球，进入大学校队是个不错的目标；在13岁时学习网球，赢得区域的巡回赛冠军是可能的；11岁开始学习网球也不错，但是如果在9岁或者更小的时候，认真努力学习网球，那么赢得职业巡回赛冠军和大满贯都是有可能的。你明白什么意思了吗？只要目标正确，任何时候都是可以学习网球的。不管是什么水平，孩子都可以达到他的巅峰，然后挑战更高。

可以按照每个年龄段的特点以恰当的方式向他们介绍网球。对3~5岁的小孩子来说，和他一起玩个简单的传接球游戏就不错。传接球游戏可以培养他们的兴趣，提高眼手配合能力以及脚步移动能力。对 6~12 岁刚刚学网球的孩子，可以让他们在小场地上集体打网球。

ITF 在 2012 年推出针对 10 岁少年的网球教学指导手册。指导手册清楚地划分了 10 岁以下孩子适用的网球器材规格。10 岁及以上的孩子就可以参加传统的网球课程了。接下来让他们打些训练性的比赛，为第一次正式比赛做准备。

所以不用纠结孩子什么时候该学网球这个问题，而应考虑：我的孩子是 ×× 岁，他该制订什么样的目标比较合适呢？或者，怎样才能使他达到自己的目标？

2. 学会处理失败

在一个二年级学生的家长会上，家长问该如何帮助自己的孩子，聪明的老师答道："多和孩子玩游戏，并让孩子输。"

为什么学会面对失败是这么重要呢？在一个 64 人参加的比赛中，其他 63 个都是你的阻碍，你很有可能会输掉，而且这次的胜者也不敢保证下次也能赢。在像网球这样的个人运动，他将单独承担比赛结果，如果不能正确面对失败，他的自尊可能会深深地受到伤害并且失去对网球的乐趣。

记得豆豆网球训练营的学员们在第一次参加国际青少年排名赛时，伟鹏觉得自己还不够完美，开赛前一天选择参加另一项活动。凯风参加了比赛，但是不愿意再多打附加赛。其中原因我一直在反思，因为我还没教会他们怎样学会处理失败。体育中的失败可以帮助孩子们变得更坚强和豁达。

3. 害怕失败

克里斯埃弗特说："我爸爸教会我的最重要的一节课，就是不要害怕失败。"解决害怕失败的最好办法就是淡化胜利和失败，尤其在孩子小的时候。这意味着不要在孩子胜利时过分褒奖，不要在孩子失败后发火，应该肯定孩子的努力，并且问他："今天你学到了什么？"要问得真诚一些，不然孩子很容易看出来。

4. 三步法

每一个小孩都能用如下三步来面对失败。

（1）握手。在比赛后和对手握手，不管结果怎么样。

（2）适应失败。失败后有些失望，心里有些难受都是可以理解的，因为付出了很多辛苦的训练，但是每个孩子的学习效果不一样。有些孩子生闷气，有些孩子说出来，还有的会看电视或者打游戏，把自己从失利阴影中拉出来。家长不应该干涉，最好简单说一两句，让孩子自己处理。

（3）在失败的比赛中寻找亮点。失败并不会摧毁孩子的自尊，但是不能发现自己的闪光点会是更大的损失。你发挥出自己的水平了吗？你比赛时放松了吗？你抓住关键分了吗？你提高一发成功率了吗？你在比赛中成功打出训练良久的穿越球了吗？这场比赛为你提高了积分吗？如果答案是肯定的，那么孩子并没有输。

当然这些对一个刚刚输掉比赛的 8 岁儿童来说并不容易，这也就是为什么我总是强调让孩子面对失败的重要性，对于孩子来说，失败发生得越早越好。固然，有时候孩子会在输掉重大比赛时放声大哭，不要紧，一两天后，他可以加强这三步的使用。

5. 奖励付出

在一些初级阶段的团队运动中，不管比赛结果如何，所有选手会因为他们的参与和努力而得到奖励。这种做法很好，也适用于 12 岁以下的网球巡回赛，因为这个年龄是孩子们学会面对失败的时期。

奖金本身并不重要，但是每个选手都值得获得，即使他们输了比赛。这可以帮助孩子们衡量这场比赛的成就、努力和付出，而不仅仅是输赢。另外，巡回赛的运动员们不管输赢都能获得积分。

6. 输赢与自信心

孩子能通过观看网球视频学习吗？答案是肯定的，当然不能只通过这个来学习网球。

胜利是重要的，但胜利可不是全部。一定要记住，享受比赛是第一位的，其次才是其他事，包括胜利。

启蒙课程往往围绕着游戏进行。糊糊上网球课，原因很简单，就是能获得快乐。在经历了几年的网球课程学习之后，他的水平一定会有所提高，变得更加熟练。这个时候，他需要一些机会和朋友一起来参加比赛，这样能够给予他足够的激励。等快成年的时候，糊糊就需要发展其他动力——竞争和对胜利的渴望。

想要竞争并且胜利的天性是应该被接受的。赢的次数多于输的次数会使他继续比赛下去并且提高技术水平。接受孩子喜欢竞争的天性，接受强调输赢，运动心理学家就建议家长重视输赢的概念。当然，赢输的比例最好保持在 2∶1，或者 3∶1。如果赢输比过高，会影响孩子的竞争感。因此，有选择地参赛对于参赛选手也很重要，教练和家长要把握好尺度。

俊一妈妈在找到我之前，俊一输了比赛，而且眼泪止不住地流。妈妈的安慰是那么苍白无力。他在跟我训练四个星期后拿到了一个比赛的冠军。当然这是我了解俊一的水平之后，帮助他做了正确的选赛，建立了他的自信心。他再练两个星期可打进之前比赛级别的前八。现在的俊一信心满满。

7. 计算进步

"很好，昨天你发 15 个球进了 6 个，今天争取进 8 个！加油！容容！这样你才会进步！"这些话听起来很积极，鼓舞人心，但是对于少年来说，尤其是 12 岁以下的孩子，他们是去寻找快乐的，这些话可能会使他们沮丧。

想想当你是个孩子的时候，你的老师每天都跟你讨论你的缺点和优点，你心里是什么感受？教练可以通过各种手段去监控学员的进步，但是一定要谨慎。

家长在训练时起到的角色就是帮助孩子理解教练的建议和训练技术。但家长不能成为训练的指挥者，应把观察到的告诉教练，而不是直接告诉孩子，尤其当孩子小于 12 岁时。让教练来决定什么时候或者怎样进入下一个阶段。

8. 有效的练习

成年选手的训练是为了进步，儿童的训练是为了快乐。记住这个，你就可以让你 10 岁以下的孩子在场地上练习。

美国的网球少年成长过程是"I"形。他们从小接触网球，可以一直打到大学。美国有中学的校队，大学的校队同时伴随着联盟组织的比赛。如果优秀，在大学期间也可以转职业球员。

中国的网球少年成长过程是"Y"形。他们从小训练到 12 岁就不得不选择是从事专业训练还是上中学。因为国内的中学没有形成较大规模的联盟组织支撑学生继续发展。因此，在国内有效的训练阶段被缩短或者提前。

9. 制订计划并坚持

"有目的的练习"可能是个过时的话了，但它是正确的。没有目的的练习会重复选手表现优异的地方，而忽视了比赛时显现的不足。刚开始选手可以仅仅练习课上教的技术动作，但是当他们参加了比赛后，教练就应该在他们的训练计划中增强优势，弥补不足。

坚持训练计划也是很重要的。在桑普拉斯年轻的时候，他总是在双反和单反之间徘徊，他的教练认为双反会限制他的发挥，于是桑普拉斯花了大约一年时间来提高他单反的能力。在比赛中他充满信心地使用单反，结果有输有赢，但是他坚持了使用单反。

仅花几天的时间来弥补弱项，是很难奏效的，要不断重复新技术直到肌肉"记"住那个动作。专家建议要想解决一个技术问题，起码要花两个星期时间。如教练建议孩子提高发球水平，那么孩子每次练习都要发30~40个球，并且在比赛时使用新技术。

10. 多大的量？多久一次？

孩子的注意力容易分散，因此最好限制练习时间。这个限制的标准是根据孩子年龄。有研究表明，5岁的孩子注意力集中时间只有5~8分钟。因此，一次课的训练内容由同目标的不同项目组成。

大于5岁多了，在一次正手击球练习中，只做了两组9次击打，就嚷嚷着"教练换一个练习，我们做游戏吧"。对于4~6岁的孩子，通常课程安排40~60分钟，并且穿插休息时间，不管怎么样，在孩子没有厌倦之前结束。

没有人能告诉你应该多久训练一次。一般来说，有效训练的时间越长，网球水平越高，但是应警惕重复运动带来的伤病。每个运动员应该根据目标、体能、兴趣大小制订属于他自己的训练计划。

有些教练认为，那些开始参加比赛的中等水平运动员每个星期需要在场地上训练 4~6 小时。这些时间包括私教课时间、集体课时间以及练习时间。比如一个孩子上了 1 小时的私教课和 2 小时的集体课，每周还需要练习 1~3 小时。

11. 训练计划

家长总会想制订一个既让孩子开心又能让孩子快速进步的计划。下面是职业教练提出的注意事项。

（1）五个要素。不能仅仅学习击球技术，还要学习战术、体能（步法、灵活性等）、心理、智力。

（2）强势点和弱势点。费德勒不仅练习发球，也练习他的单手反拍——杀手锏。

（3）过度练习。不停地训练技术会让孩子比赛时发挥出色。但是应该避免伤病，应把训练分成若干短时间的小节，类似将一场篮球比赛分成 4 节。注意不要在比赛前一天过量训练。

（4）训练意志。模拟艰难的比赛场景，练习放松和专注，如比分是 40：40 时，选手将进行这个关键的发球。

（5）增加趣味。专家们设计了很多可以使训练有趣的游戏。很多游戏可以在视频网站上找到。

（6）明确的短期目标。制订那些重视过程而不是过分重视结果的计划，如把提高发球成功率作为短期目标，还不如把完善抛球作为目标。

12. 尝试着去赢

"从球场上学习怎样去赢球，并且学习怎样去学"，尼克波利泰尼在《网球》杂志上说。

胜利不仅仅需要孩子在比赛中付出他的全部，更重要的是，在赛前他也需要做最好的准备。从现在开始让孩子了解他自己的优势和缺点，剔除那些错误的动作，把注意力集中在如下几项：怎样克服击球无力的缺点，发展一个特长，在一段时间内调整状态、提高水平以迎接比赛。

在美国我听到这样的一个故事。11 岁的伊莱亚斯，在她的家乡击败了所有选手并且在 16 岁女队中排名第一。在那里她鲜有敌手，于是她父亲把她送到墨西哥去参加巡回赛。

令人料想不到的是，在这个地方，伊莱亚斯完全被掩盖了光芒，她总是被挡在第二轮，为了能够更好地发展，爸爸建议她去上佛罗里达的一个网球学校。

当选手胜利的概率越高时，他的记录看上去很惊人，但是其中的成就也许没有那么高的含金量。网球水平的进步往往葬身在简简单单的胜利上，它会使孩子失去动力，停止前进。

萨米，9 岁，家住密歇根州，在当地的俱乐部组办的橙色球比赛中已经连续两次获得冠军，因此升级到绿色组。专家建议，2∶1 的胜利比分是最能激发孩子的动力的。当孩子一直胜利没有输球的时候，你仍要想着提高他的比赛水准，如让他参加年龄更高的巡回赛，和成年人一起练习和比赛；或者可能的话，搬家到一个网球运动水平更高的地方。

13. 在球场上的自信

在球场上的自信通常表现为强势的或者有进攻性的。一个运动员应该在球场外彬彬有礼，但是在球场上应当有运动员的气质。为了赢得比赛，球员必须在球场上展现出他强势的一面。在球场上过分小心，或者打得太有技巧性，都预示着球员需要和教练谈谈了，谈论该如何打出攻击性。在球场上的自信更多是来源于稳定的技术，但在娴熟的技术背后是对球的果敢判断。2005年澳网李娜首次对阵莎拉波娃，以 0∶6、2∶6 无缘 16 强。一次研讨会遇到当时莎拉波娃的教练交流当时情景，教练说："在开赛前两名运动员热身时，他发现凭借李娜的技术已经可以排到世界前十的水平了，没有可以破解李娜的策略，可是从更衣室出来，看见李娜的神情时，他就很肯定地知道莎拉波娃能拿下这场比赛。因为从李娜的脸上看不到坚定，更多的是彷徨。"事后，我和李娜聊天时说起这事。她说："是呀，第一次站在澳网的中心场上，那么多的观众看着你，面对世界排名前三的选手，我的脑袋里一片空白了。"

我们知道竞技网球水平的展现由很多因素综合决定。除了技术还有战术、心理、体能和球商。选手在球场上的信心与其意志力和信念等相关。这一特质可以从生活的很多方面来历练。笔者听过一个故事：一个大连队的教练，把两个男队员的头发剃光，然后让他们坐公交车在城市闹区穿行（不许戴帽子）。在那个年代，很少有人剃光头在大街上行走，而且还是两个人一起，注视的眼光不断地投来。起初两人还很畏惧，后来内心可以承受别人异样的眼光也就无所谓了。

14. 扩大胜利的定义

一个网球巡回赛只有一个胜利者，那就是赢到最后一场比赛的球员。

但是如果某场比赛给了孩子积极的影响，我们就可以扩大胜利的定义。

一个孩子苦练底线穿越技术，并且在第三轮比赛中运用这个技术获得成功，这固然是胜利，一个青少年第一次比赛就打入1/4决赛也是胜利。这不是说要他停止追求，事实上，他的目标应该是获得冠军。然而，即使他输在了最后一轮，但是他仍然打赢了前三轮，他仍然是胜利者，这是无法否认的。

"孩子应该被给予更多鼓励来激发他们的潜能。"一个知名运动心理学家说到，"男孩们应该被鼓励打败'潜力男孩'，女孩被鼓励打败'潜力女孩'。"

胜利者往往是那些能更好地控制失败的球员。人们普遍相信，伟大的球员在他们整个职业生涯都是成功的。事实上，胜利者只是比失败者能更好地应对挫折和失败。

阿加西在1996—1997年排名下降，但是他积极应对这个问题。他的教练吉尔伯特坚信应该从心理和生理两个方面予以提高。他们开始参加一些有挑战性的比赛（较低水平的比赛），当然还是和职业选手打比赛。在这之后，这个如日中天的巨星，毫无怨言地自己拿毛巾、自己翻记分牌的日子彻底过去了。他迎来了自己网球生涯的高峰，赢下了更多大满贯冠军和单打冠军。

15. 我不想赢

我们都知道，赢得一场比赛会让孩子特别开心，相反的是，输了比赛会让他们很沮丧。你有时候可能会发现孩子在赢了比赛之后并不像你想的那么开心，他们会伴有高兴、焦虑甚至有点负罪感；在一场失利之后，他可能会暗自开心和放松。

蒂莫西，一本网球书籍的作者，列出了孩子有时不喜欢胜利的原因：

（1）如果我获得了这次冠军，那么我下次还应该是冠军，没有了新的更高目标；

（2）如果我打败了自己的朋友，他可能会因此难过；

（3）如果我老是赢的话，我不能和身边的队友成为好朋友；

（4）我不会付出我的全部，这样的话在失败后可以有个借口。

在球员年轻的时候过分强调胜利和失败的重要性，就会导致上述情况。所以应该鼓励孩子尽他们最大的努力，付出了就要认可，不管孩子输或是赢。

找一个安静的时间，远离比赛的喧嚣，和孩子谈谈他对于比赛的感受，比如说，作为孩子的监护人，你告诉他你对失败的害怕和对胜利的担忧，让孩子明白这些是人的正常反应罢了。

告诉孩子，他应该找到这些消极想法的每一个源头，而不是泛泛地想比赛的结果。让他知道，你只希望孩子在比赛中尽他最大的能力，你会为他加油，不管成功与失败。

在当地打比赛，孩子很可能会遇到自己的好朋友。这会令他为难。蒂莫西把这个问题解释成一个简单却精妙的例子，让 10 岁的小孩都能明白并且解决问题：

"把你和对手（好朋友）想象成左右手，把两只手放在膝盖中央处，比赛就是右手把左手推向左边，左手把右手推向右边。在一番斗争之后，右手胜利了，你会因此看重右手对它表示尊重并且蔑视左手吗？当然不是，你会接受这个结果。所以每天坚持 5 分钟，两只手都尽最大的努力，最终，它们都会变得更强壮，不管谁赢得多谁输得多。"

所以告诉你的孩子，在比赛时发挥他的所有能力，不仅仅是对自己好，也能帮助对手提高。这样在和朋友打比赛时他不会那么焦虑。

16. 打破模式

1968 年，福斯贝里，一名高中学生，刷新了奥运会跳高纪录。他不仅仅获得了金牌，更创造了一个时代。

那时候，所有教练和跳高选手都用跨越式跳高，跳高选手腾空后先迈过一只脚并且转过身体让面部朝下，这种方式主要要求脚的弹跳。福斯贝里也是这么学习的，但是他的水平一般，所以他开始尝试新的方法。

最终，他发明了这样一个新的方法：腾空后人是背过横杆的，面朝天空。这种方法不再那么需要腿部力量，却跳得更高。这种革命性的突破，让他获得了奥运会金牌。

网球运动也是一样的，教练和球员敢于探索、尝试新的技术，才留下了一连串优秀记录。当然，这些突破也包括球鞋、球拍和球场方面的。

阿加西的接发球技术在当时也是创新的典范：开放式的站位，短小的随挥动作，小臂外旋 60° 增加鞭打的速度，肩部大角度的转动等。格拉芙创造性地跑到反手位用正手击打，这成为她一项厉害的武器。

最基本的基础技术动作要素不会变化如好的平衡、向前挥拍、肩部转动等，但是还有巨大的空间去创新和探索。勇敢去尝试吧！

17. 网球控制能力测试

"你管理不了那些你无法掌握的事情。"著名管理学家德鲁克说。根据他的理论，有规律的测量对长足的进步有帮助。德鲁克的理论适用于任何事情，只要和时间、金钱、努力挂钩，也可用来测试青少年网球水平。

胜利和失败的比例及青少年比赛排名也能从一定程度上来评价孩子的成绩。在初学阶段，专家建议不能过分强调输赢和名次。

仅仅用输赢和名次来评价选手是略显粗糙的，发展阶段的每一次胜利都是重要的，我们知道很多选手排名在 12~14 名时总是会遇到瓶颈。

18. ITN 网球水平测试评级系统

ITF 于 2000 年起为成员国创建国家网球水平排名系统，并成立了有 7 个核心国的工作小组。经历了 3 年时间，创立了 ITN（International Tennis Number，国际网联网球等级测评系统）。当时世界范围内有大约 20 个国家拥有网球等级体系，这些国家的网球水平也相对较高。因此，ITF 决定制定一个通用的国际网球等级体系。它不仅可以应用在没有网球分级体系的国家，也可以用来连接已有的各个不同的等级体系，以期在世界范围进一步促进网球运动的发展。ITN 能够反映球员的整体网球水平，它将网球水平分为 ITN1、ITN2……ITN10 等 10 个级别。ITN1 代表的是较高水平（持 ATP 或 WTA 排名），ITN10 代表初学的业余水平（能够在常规场地发球和打来回球）。另外还设置了 10.1、10.2、10.3 这三个子类别，是为了确保所有网球参与者都有自己的网球等级。

ITN 分为四个技术部分和一个移动部分，以及第二落点加分项和稳定性加分项组成最后总分为 430 分的测试。根据测试得分，划分为不同的级别。

（1）落地球深度测试。

测试共 10 个球，正反手交替，满分 90 分。球员站在底线后中间位置，喂球人站在对面场地发球线和球网中间。喂球人交替地向测试者的正手和反手送球，喂球采用不落地的凌空送球。尽量使球落在底线和发球线中间的位置。这样可以保证在击球之前有足够的移动空间。场地分为 4 个不同深度的区域，球网到发球线为 1 分区，发球线到底线平均分 3 个区，由浅到深依次为 2 分区、3 分区和 4 分区，根据球的落点获得相应的分值（见图 6.1）。

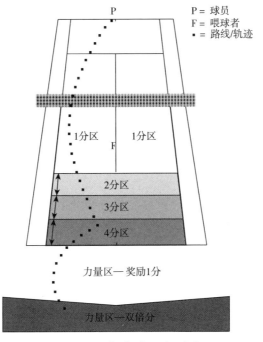

图 6.1　落地球深度测试

（2）截击球深度测试。

测试共 8 个球，正反手截击交替，满分 72 分。球员站在发球线中间，喂球人站在对面场地相同的位置。球员需要移动到最佳位置进行截击，并保证击球高度在臀部和肩部之间的区域。将场地分为 4 个不同深度的区域，球网到发球线为 1 分区，发球线到底线平均分成 3 个区，由浅到深依次为 2 分区、3 分区和 4 分区，根据球的落点获得相应的分值（见图 6.2）。

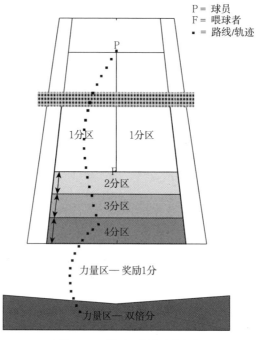

P= 球员
F= 喂球者
■ = 路线/轨迹

1分区　　1分区

2分区

3分区

4分区

力量区—奖励1分

力量区—双倍分

图 6.2　截击球深度测试

（3）落地球精准度测试

　　测试为 6 个交替的正反手直线，6 个交替的正手和反手斜线，共 84 分。球员开始测试时站在底线中间，喂球人站在发球线和球网中间，喂球深度尽量保持在底线和发球线中间，喂球角度保持在单打边线和中线中间。场上测试体系对正反手击落地球进行精准度测试，主要测试的内容为正反手直线、斜线。从单打边线向内量 2.05m 画线，并与单打边线、发球线构成 3 分区、2 分区，场地中间区域为 1 分区。测试者击出的直线球落在相应的直线区域，可得到相应的 3 分、2 分和 1 分以及第二落点的加分，如落入斜线区域不得分。斜线击球时亦然（见图 6.3）。

　　（4）发球测试。

　　测试共 12 个发球，满分 108 分。将两个发球区划分为内角区和外角区，共 4 个区域，每个区域发 3 球，如一区外角发球，第一落点成功落在该区域得

4 分，若落在一区内角得 2 分。如一发失误二发成功只能获该区分值的 50%。

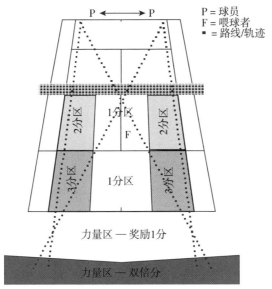

图 6.3　落地球精准度测试

（5）力量加分。

在落地球深度测试、截击球深度测试、落地球精准度测试和发球测试中，通过球的第二落地点的远度来衡量击球力量。加分线在底线后距离底线中间 4.87m，距离双打边线 4.57m。第二落点在底线和加分线之间加 1 分，第二落点超过加分线则第一落点得分加倍（见图 6.4）。

（6）移动能力测试。

采用五点折返跑的方法来测试：满分 76 分，在底线与两单打边线交点、发球线与两单打边线交点以及发球线与发球中线交点各摆放一个网球，底线中间摆放一只球拍。测试者从底线中间开始，用最短的时间分别将球捡回，每捡一个球都要回到底线中间，并将球放在球拍上，根据完成时间查表转换成得分（见图 6.5 和表 6.1）。

（7）稳定性加分。

在落地球深度测试、截击球深度测试、落地球精准度测试和发球测试中，每次击球只要没有失误，就会额外获得 1 分稳定性加分。

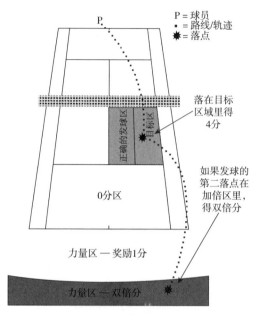

图 6.4　力量加分

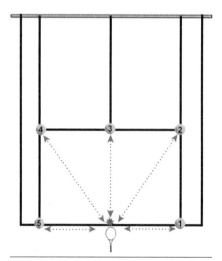

图 6.5　移动能力测试示意

表 6.1　时间 – 得分转换

时间/秒	40	39	38	37	36	35	34	33	32	31	30	29	28	27	26	25	24	23	22	21	20	19	18	17	16	15
得分	1	2	3	4	5	6	7	8	9	10	11	12	12	14	15	16	18	19	21	26	32	39	45	52	61	73

七、为比赛做准备

乐趣几乎是 10 岁以下孩子参加比赛所有的动力了。10 岁之后孩子才会学着去竞技，也应至少在 10 岁后，才让孩子和同龄人进行激烈比赛。如果孩子对网球还有热情，那么是时候把乐趣和游戏过渡到比赛了。

1. 从比赛中学习

不管家长和教练是否有机会走到一起来讨论比赛对孩子的意义，孩子会从其他途径来了解失败和竞争，比如体育频道中的竞技比赛。当上课时有球场小霸主来挑战，或者孩子把球打飞时，即使你一直强调给孩子快乐和游戏，孩子也会自然而然地有比赛的想法。只要孩子不把比赛的输赢看得太重，那么他已经开始享受比赛了。

孩子应该知道失败和成功都是很正常的，当然看巡回赛也能认识到这一点。桑普拉斯可能输了 ATP 巡回赛的第一场，但是几个月后他就可能夺得美网冠军。

2. 第一场比赛

没有什么比家长和孩子一同参加正规比赛更能让孩子向往的了。家长可以和孩子组合双打来对战其他对手。

家长和孩子一同参赛的好处，一是孩子可以在家长的陪同下参加自己的第一场比赛，二是家长能够体会到将来比赛竞争的压力。一起参赛，家长与孩子都能从中获得快乐，即使他们从来没有打过网球。

很多孩子喜欢打网球却不喜欢比赛，尤其是一个人面对比赛时。这里面一定有很多原因。小孩子讨厌竞赛？那是不可能的。你随便问一个小孩，问他愿不愿意用自己擅长的体育运动和别人比赛，他一定会大声说"愿意！"

孩子不喜欢比赛，主要的原因是他们还没有达到相应水平就被硬生生地推入赛场比赛。其实孩子从菜鸟阶段到高手阶段都是喜欢竞赛的，只要他有相应水平，并且能平衡输赢。

俱乐部的教练可以设计以家长和孩子为团队的计分项目。比如使用气球，针对未接触过网球的家长或低年龄的孩子，使用手抛球的方式进行比赛，减少击球技术不熟练的困扰。孩子们的第一次网球比赛可以在课上完成，这样他可以避开众人的关注带来的不知所措。

3. 青少年可以竞赛吗

许多家长和教练不想让孩子在比赛中负担过大的压力，然而孩子总会有开始比赛的那一天。无论压力来自他人、自己还是环境，孩子都应该积极地面对。在我还是运动员的时候，教练曾经对我说："胜败乃兵家常事，打不赢对手，也要'咬'他两口。"

失败常令人伤心，胜利肯定让人感觉要好一些。但是有些孩子在前几轮胜利之后就会焦虑——对胜利的害怕，因为他将面临更强大的对手。这就是一些水平较高的球员往往输给实力较弱的球员的原因。问题是，到底什么时候，球员才能在输赢面前不焦虑？

我们需要注意的除了技术水平之外，就是孩子的心智。容容在参加第一次网球比赛之前，已经参加过全国小学生的健美操和足球比赛。虽然第一次参加网球比赛，但是她的心智已经成熟，能够正确面对比赛的结果。

那么她能够在短时间的网球学习之后马上去参加网球比赛吗？我想大多数人都会说"不"，因为虽然她心理上已经成熟，但是她的水平不能够支持她竞赛。显而易见，只有球员的心理能够承受输赢，水平能够适应比赛，才可以和对手竞争。

4. 技术水平

家长在判定自己孩子的技术水平时往往会过于自信——"我的小孩是最优秀的"，有时候事实并非如此。判定孩子的技术水平是否为比赛做好了准备，还是交给那些有经验的教练吧。

教练可以测试球员的技术水平是否适合参加比赛。同时，也需要判断孩子是否具备基本成熟的心智水平。

测试需要 1 小时左右，见表 7.1。如果球员没有打到球或者没有按规定打球，他将重新开始。

表 7.1 技术水平测试

击球类型	方法	每个人至少连续击球次数
击打落地球	1. 小场地对拉	20
	注：两个球员都站在发球线后约 1m 处，把球打入发球区内，正反手可以混合在一起	
	2. 底线对拉	15
	注：球员击球后需要回到底线中点	
	3. 斜线对拉	10
	注：球员打一个正手球再打一个反手球，必须回位	
	4. 直线对拉	10
	注：球员打一个正手球再打一个反手球，必须回位	
截击	5. 小场地截击 – 击打落地球回合	20
	注：截击的选手站在离球网 1~1.5m 处，另一个选手站在发球线后 1m 处，截击球必须落在发球线内，可以混合计入正反手	
	6. 底线截击	15
	注：截击选手站在近网处，正反手可以混合计数	
	7. 截击 – 截击回合	10
	注：球员站在发球线内 1m 处，先测试正手再测试反手	
发球	8. 发球	10
	注：球必须在第二次弹跳时落在底线后面，先发占先区，再发平分区	
接发球	9. 接发球	10
	注：两个区都要接发，回球第二次弹跳要在底线之后	
挑高球和高压球	10. 挑高球	10
	注：网前的选手高压，底线选手挑高	

　　测试可以编入球员的日常训练计划中，但是不需要大张旗鼓，我们不想得到过时或者错误的数据。如果球员成功通过了这些测试，说明他有能力去参加比赛了。

5. 心智成熟测试

美国的一个搞笑电视剧中有一个片段：一个 3 岁的女孩，玩电脑小游戏失败后沮丧无比，对着显示屏哭喊"我要赢，我要赢！"

心理学家认为 8 岁及以下的孩子心智没有成熟，不能参加比赛；8~10 岁的孩子能够参加比较轻松的比赛，通常是和父母一起。这时候也是让孩子正确认识输赢的黄金时期，一般孩子在 10 岁之后心智开始发展，更多的是在十二三岁。当然，我们要学会区别什么是游戏和计数，什么是计分和竞技比赛。

在有效的技术训练完成之后，孩子们会迫不及待地想去参加比赛。这时才是他们策马奔腾的时候。

拥有成熟的心智对刚刚入行的成年运动员来说也是重要的。一对双胞胎——汤姆和汤米，是高中篮球运动员，在他们刚刚学习网球的时候并没有参加很多网球比赛，没有经历一次巡回赛。

他们第一次正式打比赛是在大学里，一下子成了国家顶尖水平的双打组合，直到 1986 年才退役。之后汤米当了教练，教出了世界第一选手——桑普拉斯。

6. 抽签

青少年单淘赛的抽签决定了孩子将和谁对战。签表上还会显示比赛的时间和地点。单淘赛是最常见的赛制了，如果输了，选手就出局了；如果赢了，选手就进入下一轮。

也许某一天，你的孩子已经准备好了，为比赛练习了很多，即将开始他的第一场比赛。然后你付了 150 元的报名费，一整天兴奋不已，开车

30公里送他去比赛场地……但是才过30分钟，他就输了比赛，收拾拍包准备回家。

第一轮就输球对水平不高但信心满满的孩子和家长来说是无比沮丧的。这就是为什么有些赛事组委会也给水平不高的运动员安排不止一场比赛，即使第一场输了。

另一种模式是双淘赛制，能够保证球员至少参加两场比赛：如果他第一场输了，会被分配到另一个场区，一直打下去直到输球。这种比较友好的赛制，球员即使输了所有比赛，仍然可以打很多次。比如，这个区有16个人，他就可以打4场比赛。

当然最好的形式还是循环赛，小组内大约有8个球员，这种形式可以让球员与其他每个球员都有比赛的机会，比较适合于家长与孩子、小俱乐部和初阶选手循环赛。

7. 正确看待排名

一位选手的名次反映出某段时间内（一般是1~12个月）他的比赛结果。排名并不是用来评价选手的技术水平的，也不是用来评价选手将来的水平。所以我们把排名简单化——它只是选手过去比赛的纪录。

8. 排名系统

名次由排名系统根据一轮中得到的分数决定。有些排名系统，奖金也算在其中。选手打到第几轮决定"轮次得分"，对手的水平决定"质量得分"。

明白排名系统运行的道理可以帮助球员选择参加多少比赛有利于排名。

9. 更高排名的额外好处

显然，现在排名第一的选手不一定会赢得下一次巡回赛的冠军，但是得到更高的排名的确有不少好处。

（1）进入巡回赛的机会。如果巡回赛的名额减少，组委会就会剔掉那些排名较低的球员，有些高盈利的巡回赛会限制很多球员参赛。有些比赛的前几名就可以得到参加全国比赛的机会。

（2）更好的签表设置。排名高的选手可以在巡回赛中获得种子地位，这意味着在前几轮他不会遇上其他排名靠前的选手。这种安排利于他取得好名次。

（3）特殊的机会。高排名选手可以有机会参加竞赛训练营，变得更强，成为地区或者国家队一员出战。

（4）经济利益。大学里考虑给学生奖学金时往往参考排名，补助金或者其他资金也会优先给排名靠前的学生。如果选手由业余转为职业，那么获得赞助的机会也往往取决于名次和当前的表现。

（5）目标的设置。对于年轻选手来说，排名可以成为他短期或者长期的目标。排名持续的上升说明选手、教练和家长的方法是正确的，如果选手的名次不稳定或者下滑，就应考虑改变训练方法了。

成为第一名，哪怕只是一段时间，也利于增强孩子的自信心。

10. 获得一个排名

娱乐性的比赛，也是需要一定时间的。如果选手有心智不够成熟等表现，建议不参加排名竞争。或者说不要太看重排名次序，教练和家长应预先做好引导。把注意力放在比赛中对技术和战术的执行上，而不是结果。年轻运动员参加初学者巡回赛是为了获得比赛经验，而不是排名／积分。当孩子足够成熟、有相应的竞争水平时，再去追求名次也不迟。

想要获得排名，球员必须参加适合他年龄阶段的合法比赛来得到积分，像地区或区域排名一般需要 3~7 场巡回赛。在参加了若干场比赛并得到好名次之后，球员的排名会上升很快。

接下来开始比赛吧！为了提高排名，多参加巡回赛，打败排名比你靠前的高手！记住：不要过分在乎排名，要在比赛中进步，获得快乐！

11. 设置目标

设置一些近期能够实现的目标并且不断努力，总有一天会走得很远。

帮助孩子理解目标和梦想的不同。例如，想保持 75% 的一发成功率就是一个目标，因为只要科学地训练，是很有可能达到这个目标的；但是，打败现在的世界第一，那就是一个梦想了，因为其中有太多因素你无法控制。

不管怎么样，让孩子有自己的梦想，并且努力追求；设置一个目标，每天向它靠近。重要的是，让孩子用达成一个个目标来衡量自己的进步，而不是用梦想实现来衡量。这样即使最终梦想没有实现，孩子也会有成功的感觉。

12. 过程目标 VS 结果目标

赢得大满贯冠军不是偶然，是在每一次进步中逐渐增加了可能性。因此，在达到结果目标之前，需要完成更多的过程目标。过程目标有可能是：维持健康体重，进入初中和高中的校队（全国中小学比赛里，已经设置了网球项目），在地区排名达到前十，争取出国比赛的机会，获得大学奖学金，签下一个赞助……

对于一个比赛来说获得胜利是结果目标，过程目标应是：将优化的动作用于比赛中；成功地执行战术部署；完成一次接第二发球上网等。在整个网球训练过程中的目标应围绕一个主题——提高比赛能力。教练和父母要告诉孩子们：在自己内心深处，坚信一步步完成过程目标，就会变得更强；最终，一定会有所回报。

13. 对过程目标的误解

有两种对过程目标的误解，第一种觉得有这种目标的人没有雄心壮志，过程目标只能激励平凡人。设置适合自己的目标并不代表没有野心，选手的努力和获得成功的相关性非常高。豆豆网球训练营的子荷想要提高她的一发成功率到80%，这对她来说很难，但是只要她认真学习并且刻苦训练，最终她很有可能达到这个目标。当她完成这个目标的时候，说不定她也收获了一次比赛的胜利。

第二种误解是，"提高每一次比赛水平"是一个虚无的目标。选手可自问两个问题："这个结果是可以测量的吗？""长期目标能否被分解成多个短期目标？"如果有一个问题你回答了"是"，那么这个目标就是真实的，"提高每一次比赛水平"是能够被计算和量化的。这个目标也可以被分为更小的目标，比如提高一发成功率到80%，每次额外做10个俯卧撑等。

"获得快乐"是另一个过程目标，刚开始它可能不是一个目标，就算它是目标，快乐怎么能够被测量呢？你去问那些玩具制造商，这些人知道当孩子拿起玩具时仅仅想着得到快乐。玩具商运用科学方法衡量快乐。可以把"获得快乐"和一个短期目标联系在一起,比如"我能每周在我喜欢的运动上花上3小时并能坚持1月"。这样我们就找到了衡量快乐的方法。

"提高比赛能力"和"在比赛中获得快乐"不等于"明年我会尽全力去练习"。最后这个目标既无法衡量也无法细分。

制订一个结果目标是简单的,比如"我长大后要获得一个大满贯冠军"。正确合适地设定过程目标,能让选手获得巨大的成功,比结果目标和那些"尽自己最大努力"的目标好得多。

当然,孩子们总是喜欢追求梦想。梦想可以给他们提供巨大的能量,家长要激励他们有自己的梦想,但是也要让他们知道梦想和当前目标的不同,教会他们给自己设定过程目标,并且享受每次成功。这是让孩子们有成功感的方法,无论梦想是否实现。

美国青少年网球水平级别的划分(见表7.2),也为教练和家长确定了不同时期的过程目标。教练和家长注意到在1.0的级别里就有发球技术。虽然底线技术很常用,但是发球技术更重要。当然,我们不能要求孩子在第一堂课就能像职业选手一样有标准发球技术动作。我们可以理解第一堂课仅仅是孩子对球的碰触。

表7.2 美国青少年网球水平的级别

级别	网球水平
1.0	选手刚刚学习网球,还在学习发球、正反手、截击等基本技术
1.5	比初学者好一点点,在击球的时候需要协调步伐。事实上,选手还是把注意力放在把球打过网这个层次上
2.0	选手在打球的时候能够合理使用步伐,但是不太连贯;能够发出几个有角度的球,但是失误频频;选手知道比分的意思,也知道发球和接发球站的位置,截击失误很多

级别	网球水平
2.5	选手能够判断球会落在哪里，能够和相同水平的球员拉几个回合；能够使用正反手，截击有中等的成功率；能够独立记住比分，知道自己场地的球有没有出界，能够头顶发球并且对规则有一定认识
3.0	向球移动时更加快速，场地覆盖面增大；能够连贯持续击球，能够合理发球，失误较少；在击打落地球方面,需要提高对球高度、深度、方向和旋转的控制，能够调动对手并且攻击对手弱点
3.5	选手可以持续击球，可以控制球的方向和深度，能够抓住浅球的机会进行进攻；在发球方面更有力量，能够加上旋转，很少双误；打比赛时具有进攻性，单打时有基本战术，双打时能够配合
4.0	选手有可靠的击球技术，包括对快节奏的球的方向和深度的控制；场地覆盖区域很大；增加了击球方式，比如挑高球、头顶击球、截击，成功率较高；有作战计划，发球很稳定，能够在双打中起到表率作用
4.5	击球特别可靠并且在快节奏的击球中回球；球场覆盖很大，脚步灵活，能运用力量和落点调动对手，针对不同选手打出不同的线路和不同战术；一发的制胜分较多，二发的旋转和落点俱佳；在单双打中都有进攻性，能够保护自己的弱点，选手打造了自己的进攻武器
5.0	选手击球质量很高并且常有精彩的回球，有自己拿手的"武器"，能经常在短球上击出制胜分或者使对方失误，能够应对任何种类的球；一发是强大的武器，能够在一发或者二发后冲到网前，截击和高压球是其制胜手段；在单双打中都能运用智慧，成功率很高

14. 选择正确的比赛

选择适合自己的比赛，利于球员自我激励。选择时要注意两个因素：第一，列出一年的目标；第二，选择适合孩子年龄和水平的比赛。记得在参加比赛之前给孩子们做一个技术水平测试，保证他们有足够的自信心去比赛。

15. 运动训练——周期训练

运动训练专家需运用周期训练计划科学安排网球训练。一个 14 岁的孩子是不可能在连续 10 场巡回赛内都表现出最好状态的。持续的大强度训练只会导致伤病或者疲劳。

这并不是说从现在开始，球员对训练应持一种傲慢而无所谓的态度，或者在比赛时不尽心尽力。周期训练计划的意思是在身体素质训练、技术训练、比赛和休息之间寻找一个平衡，让球员在可估量的时间内达到技术水平的顶峰。

球员一年内可以选择一两个比较重要的比赛，围绕这一两个重要比赛进行大约 12 个星期的训练。其中第 9 周、第 10 周是比赛周。如果球员每周训练 10 小时，那么典型的训练分期见表 7.3。

表 7.3　典型的训练周期表　　　　　　　　　　小时

时间段	1~5 周	6~8 周	9~10 周	11~12 周
身体训练	3	1.5	1	3
技术训练	3	2.5	1	2
比赛	3	5	7	2
放松休息	1	1	1	3

比赛结束后的那个星期叫作休息周，球员应该在比赛结束后休息几天，接着可以进行一些强度低的训练来保持水平，包括网球以外的其他运动。

第一眼看上去，这个表格的计划有些不切实际：哪个孩子会愿意这么老老实实做下去呢？然而，那些青少年运动员的确应该被鼓励去按照表格计划来做，有一天他转为职业运动员时，他会回来感谢你，因为他的身体机能和网球水平都提高了。

16. 巡回赛旅行

有的年轻球员特别喜欢竞争力强的比赛，因为那些比赛可以给他们机会独自旅行。在参加更高层次的省级、全国级甚至国际比赛时有一个合适的旅行计划是很重要的。

我 10 岁时第一次参加全国比赛。14 岁的时候就开始独自参加巡回赛。当时的我还是很开心的！那时有非常强烈的想要证明自己独立能力的想法。中国有句古话，"读万卷书，行万里路"。旅行可以让孩子的见识和心智迅速地成长。

17. 行程

每年全国大约有成百个青少年比赛，所以对水平较低的球员来说找一个离家近一点的比赛也不是难事，当球员的排名进入前几名时，出国参加巡回赛并顺便旅行就是常事了。

在他国异乡，认识新的朋友，学习当地的文化，不仅仅是件快乐的事，也能够学到更多知识。

18. 住房

如果家长打算陪伴孩子，最好住在宾馆里。即使巡回赛举办地离家只有三四个小时车程，预订一个酒店也是有必要的，可以让孩子更好地休息，比赛主办方有时候会在赛场附近推荐酒店并给予订房折扣。

比赛主办方也可能会提供住处和交通。球员也可以住在主办方俱乐部内。一般赛事组委会都提供午餐。

19. 双打搭档

选择一个合适的双打搭档时，要考虑的因素有良好的化学反应、廉正、熟练的技术等。

除了赛场上和搭档在一起，你的孩子还应该经常在赛前、赛后和搭档在一起，一起旅行参加巡回赛，可能成为终身搭档。显然，寻找一个能够轻松相处并且能够在赛前轻松交流的搭档很重要。

为了赢下某场比赛，孩子有时候会做出出格的事情来。如果搭档在球场上做出不道德的事情，对团队是很不利的，这时候可能需要教练或家长的介入，当然最坏的情况就是不得不换一个搭档了。

要寻找技战术水平较高的球员作搭档。一个反手强大但是正手一般的球员肯定想要一个正手强大的搭档，一个喜欢打出制胜分的球员需要配上一个稳定性高的球员来创造机会。职业教练往往能够看出球员的能力并且选出合适的搭档。

有时不得不与临时搭档共同迎战尤其是去外地打球时。了解搭档的场外行为也对比赛有帮助。深入交往，可以和搭档之间开出友谊的花朵。

八、比赛

　　训练之余，应了解一些有关比赛的小常识，如了解巡回赛规则。比赛出行前应检查行李，确保必要的物品无遗漏。早点到达比赛地区，尽快适应当地的环境，为比赛做好准备。

1. 把训练能力转化成比赛

　　那些水平较高的青少年球员在变成职业选手后经常会发现，即使是之前参加过比赛并取得较好的成绩，也会有很多方面没有训练到位。而那些平时训练强度高于比赛的球员往往能顺利转化为职业球员。

　　无论是12岁的业余球员，还是职业选手，安排一个水平略高的球员和他一起训练，有助于快速提高竞技水平。

　　每个球员都梦想拥有打败对手的绝招，比如大力发球，双打时你的致命截击，单打时你的高弹跳正手。

　　真正比赛那天还有很多让球员操心的未知因素，比如陌生的城市、未知的对手、不合口的食物等。经过大强度的训练，球员可更轻松地发挥基本技术和战术，潜意识里也放松一些，正所谓"艺高人胆大"。

对于那些特别重要的巡回赛，如赛季末的冠军争夺，球员可以抛弃常规的训练方法，换为夺冠的训练计划。

2. 为比赛做准备

你不会看到职业选手在比赛前的晚上通宵派对，或是在比赛当天很早就来到球场。如果是这样的，他们在职业球场上可能也待不久。总有一些赛前准备的做法，让球员在比赛时达到最佳水平。

赛前准备是一些简单易行的事情，比如在比赛前一天老老实实睡觉。家长或教练最初应提醒、监督孩子执行赛前准备事宜，这样孩子就会养成习惯，以后就会自觉去做，不需要别人在边上唠叨。

3. 赛前 24 小时

大多数赛方会以邮件、电话或公开通知如公布在官方网站上的方式告知选手比赛时间。在比赛前一天认真确认比赛时间还是有必要的。比赛方对选手进场时间有严格的要求，选手迟到 15 分钟即按弃权处理。

高碳水化合物食物会在肌肉内储存许多肌糖原，支撑长时间的能量消耗。这类食物包括全麦面包和其他面食、谷物类，以及一些水果、蔬菜。千万记住在比赛前 24 小时，拒绝油腻和香辣的食物。在球包里可以放点"能量棒"，如饼干、坚果、香蕉以备不时之需。检查球拍和需要更换的衣物。手机里下载几首舒缓的曲子，在比赛之前听听，可以舒缓紧张情绪。

比赛前一天晚上能睡久些更好，但有时候并不那么容易，可能会心神不宁。选手应知道偶尔失眠并不可怕，更不能因失眠而对比赛感到害怕。

4. 为比赛加油

在比赛前 3~4 小时进食，食物可以在胃中完全消化。比赛时一些面食小吃也会让孩子开心的，这些喜感并且健康的食品包括笑脸饼干、饼干棒、果汁棒冰、水果酸奶等。

孩子不会像成人一样出那么多汗，他们的降温能力没有那么强，反而吸热更多，所以孩子更容易脱水。给孩子一瓶水或者运动饮料，提醒孩子在赛前、赛中、赛后都要喝。运动饮料是有味道的，所含成分包括许多微量元素，这能给身体提供一定的能量，但也会促使孩子多喝。大家在电视中可以看到职业球员在比赛中也会同时饮用运动饮料和水。

5. 比赛当天

如果是下午的比赛，赛前可以打个盹，或者和朋友、家人一起玩玩游戏。这是赛前不错的放松办法。如果孩子是在大早上比赛，那么家长应该在比赛前几小时把他唤醒——你肯定不想让孩子睡眼惺忪地走向球场。

选手一般应在比赛前 30~40 分钟到场并且在检录处报到确认。如果不是第一场，比赛方只能提供比赛的大约时间。新的环境和现场的喧嚣会让孩子紧张，在等待时间可以和其他家长、选手聊天，很多友谊都是在这里诞生。

如果可以的话，年龄稍大的球员会和教练讨论自己的作战计划，或者在球场进行 15~30 分钟的击球练习以放松肌肉。

6. 赛前准备

著名的篮球教练菲尔·杰克逊会和他的球员去一个锁着门的房间商讨作战计划，戴上耳机或者帽子也会有帮助。

大约在比赛前 15 分钟需要去看看球场分配，然后去场地进行热身——

这样可以拉伸肌肉并且预防损伤。

在球场周围慢跑或者冲刺跑都是不错的热身，可让心率上去。和对手打几个回合时，建议运用你最拿手的技术，但是不要忘记把其他击球技术都过一遍。

随着球员水平的增加，参加的比赛越来越多，可能需要去别的城市或者国家参加巡回赛。旅行对孩子来说是新奇的，但是他也需要一些功夫去适应新环境。

7. 礼节

好的礼节不是势利的意思，它是一种简单的方式，让每个人融入社会并且过得愉快。在网球中，好的礼节意味着球员、观众、家长还有教练都遵守特定的规则，这样每个人，包括自己都能最大化地享受网球的乐趣。

（1）家长的礼仪。

①指导孩子独自整理行李和一个人去比赛。比赛当天把孩子适时送到比赛场地，让孩子不感觉匆忙。

②抵制坐在最好的观赏位置的诱惑；在孩子输分时不要慌乱或者喊出来。

③为双方球员的好球鼓掌，当然给自己孩子的欢呼声音大点也是可以的。孩子在球场上做坏事的时候要果断让他离开，没有什么比做人更重要。

④不管结果怎么样，在孩子上场和下场的时候过去拥抱他。有研究表明，比赛前亲友或家人的拥抱可以给球员增加 60% 的自信心。

⑤碰到孩子对手的家长时应友好相待，并且和他们交谈。如果两个家庭在不同的城市，孩子可以在巡回赛期间去对方的家里拜访，这也是培养

友谊的不错机会。张德培就是在年轻的时候住在桑普拉斯和阿加西的家里，最终成了终生的好朋友。

（2）教练的礼仪。

①在大多数巡回赛中，比赛时教练是被限制场外指导的，有些团体比赛允许教练参与指导。

②记录下比赛的情形，但是要悄悄地，不能干扰球员。

③比赛结束后，不管结果怎么样都要拥抱你的学生。

④比赛结束后，把对比赛的谈话推迟，甚至推迟到第二天。让孩子的心情平静下来。对待那些年纪特别小的学生，不必和他们谈论比赛的错误和进步，只是简单地把变化融入他的训练计划。

（3）观众的礼仪。

①把手机调到静音模式，如果你必须要打电话，请离开观众区或在选手交换比赛场地休息的时候再打电话。

②球还在行进的时候不要喊出来。

③等到选手交换场地的时候再进场或者出场。

④你喜欢的球员胜利时可以大声欢呼。

（4）球员的礼仪。

美国网球协会（United States Tennis Association，USTA）编著的一本叫《球场上的朋友》的书，是球员和球员家庭礼仪的最好参照。这本书写得很详细，包括每一个细节，比如当裁判呼叫比分你感到怀疑时应该怎么做，怎样处理那些不同意见，等等。这些都是很重要的，因为球场上的行为会影响孩子的个人品质。

下面是一些关于球员行为的摘录：

①在场上，尽量保持着美丽的笑容，应避免一些滑稽的动作。

②接发球的时候也要为发球球员考虑一下，这不是向对手发泄的时候。

③承认对手的精彩击球，可以鼓掌或者点头。

④没有裁判时，当自己没有看清球的落点而无法判断出界与否时，问对手是否看到了落点，如果他看到了，让他判断这一分；如果他也没有看到，你应判对他有利。

⑤胜利之后你可以欢呼雀跃，但是也要记住庆祝你的对手也打了一场精彩的比赛，还要谢谢裁判；在比赛结束后主动捡场上的球。

8. 比赛进行时

球员在球场上的一举一动，教练和家长都能够仔细观察到。一个职业教练会记录球员的商业价值，写下一些技术统计比如发球成功率，一发和二发得分率，Ace、接发球失误和制胜分以及网前得分等。

还有很多其他工具可以帮助教练统计球员情况，比如网球工作簿，拿在手上的电子产品，像手表一样戴在手上的网球统计器，还有平板电脑等，都可以帮助教练观察、记录。

家长除了在场边焦急地关心比赛的结果，还有两个事情应该注意：球员的场上行为和意志力。球员是不是在球场上做了不好的事情？是不是应该和他好好谈谈他的行为？关于观察球员的意志力，以下建议供参考。

（1）焦点。还在打球的时候应该牢牢盯住球，分与分之间可以关注一下球拍和球线。

（2）发球前的那一套仪式。在每一分前都应该有个仪式，把头发捋到后面，发球前拍拍球，在任何关键分上都要这么做。

（3）呼吸。学会在击球的时候呼气，这样有助于控制情绪。

（4）放松。放松手臂和紧张的肌肉，用非持拍手拿球拍，然后伸展。

（5）姿势。即使球员跑到球场计分板的地方，也要控制身体——肩膀向后拉，头抬高，有良好站立姿势。

（6）自言自语。避免消极的自言自语和在犯错时嘀咕。

还有很多其他的办法来观察孩子，把这些跟孩子的教练一起讨论看能否加入训练课程中，尽量及早解决问题。

9. 比赛之后

比赛结束之后，球员应该相互握手并且感谢裁判。如果接下来还有另一场比赛，球员需要马上补充能量。在运动前 30 分钟补充碳水化合物能够帮助肌肉重新恢复能量。

再一次提醒：不管输赢，你要下去拥抱你的孩子。虽然你和教练很想和孩子讲讲比赛的事情，但是也可以放在几小时之后或者第二天，这样孩子更会认真听话。谈话时要注意强调过程，而不是结果。比如，你完全可以谈论发球时抛球是不是没有抛好，而不要说他的一发成功率太低。

对于年轻球员来说最好的庆祝方式是远离网球场。

家长可以和教练细致地谈论比赛中的情况，并且把需要改进的地方加入孩子的课程。

10. 比赛后的反思

网球选手在比赛时只能靠自己，没有教练和队友的帮助。有两个重要的因素可以帮助球员提高独自面对比赛的能力：

(1) 球员的自我激励。确保选赛级别的胜负比大约是 2：1 或者 3：1。

(2) 自我学习能力。胜利固然重要，孩子能在比赛中学到东西更重要。

网球中的自我学习能力是后天获得的，这就意味着家长或者教练必须教会孩子如何从比赛中学习。米勒·威登学院的网球教练，制作了一个简单的工具（见表8.1），可以帮助高年级和大学球员从比赛中学习知识。

表 8.1　五维打分

输赢	水平	意志力	精神	快乐	总分

表格说明：

每项最高分为10分，总分大于等于45分是可取的，完成表格后和教练一起讨论。

输赢：算比赛细分，如果比分是6∶0和6∶2，那么12除以14再乘以10得8.57，四舍五入为9分。

水平：你在球场上感觉自己强大吗？你的脚是不是一直在移动？在每一拍后是否回位，追浅球时是否保持平衡，过顶高球时是否积极，能否与对手相持，在关键分时击球质量不下降？在多拍之后是否能量充足？你的饮食影响比赛了吗？你的紧张／放松训练适应比赛的节奏吗？

意志力：从困境中走出来的能力，表现出强势的肢体语言，永不屈服的信念，对比赛的热爱，能记住比分，在关键分上还有策略性。

精神：对所有对手都是尊敬的，挑战的时候勇敢地站起来，遇到矛盾时学会退步，给他人做榜样。

快乐：这场比赛对你来说有多难忘，你有多强烈的想法再打一次这个比赛，你有多放松？

这个表格可以用于输入自测的五个数据——输赢、合格、意志力、精神、快乐。分数由表格中的标准来评定，每项最高分为 10 分。

除了输赢是客观的，其他项目都是主观的，例如，如果球员觉得自己发挥一般，那么合格可以输入 5 或者 6；意志力没有太完美，可以 8 分；表现杰出的体育精神，可以在此项打上 10 分。

表 8.2 要求孩子公正地思考自己的技术和战术，米勒建议在填表之前和教练商讨一下，问题 7 是最重要的。

表 8.2 技战术反思

比赛名称：	你的名字：	日期：
1. 左手还是右手：		
2. 力量：		
3. 弱点：		
4. 你是怎么打的：		
5. 你最难忘的时刻：		
6. 下一次比赛你会有什么改进？		
7. 如果下次你还遇到这个对手，接下来时间里你将在球场上练习什么？		

这两个表格，可以帮助 12~18 岁及以上年龄的球员，提升他们在比赛中的表现，并且告诉他们应该在将来改进什么。

九、夏令营和度假

1. 网球夏令营的好处

　　球商（网球智商）的上升可能是夏令营期间最好的收获了。在一场又一场比赛之后，孩子会学着如何更好地完成比赛。孩子也能和各种水平的球员一起比赛——高手、中等选手以及和孩子一样的初学者。

　　水平高的球员可以在比赛中练习自己的战术，形成自己特有的击球，或者纠正自己的错误。在夏令营中找到一个新的网球搭档也是常见的。向一个新的教练学习，哪怕只有一个星期，也会给孩子打开一扇新的门。当然大多数时候，孩子更愿意和伙伴打着玩，而不是打比赛。

　　有些夏令营还会邀请专家来讲课，见容包括意志力、身体机能、营养、战术等方面。也不要忘记了晚上的活动，比如徒步去沙滩、野炊、跳舞或者其他活动。

2. 网球假期

挑选一个网球度假胜地，在酒店预订一些课程，课程要有趣且能使孩子们放松。酒店要有游泳池、儿童乐园，或者一个小马戏团，当然孩子必须要带几个网球。这些都是为了让孩子在众多活动中认识网球的乐趣，并且让他开心地度过假期。

3. 名牌夏令营

国内外的夏令营很多，当我们把列表缩减为名牌夏令营时，选择就会相对简单一些了：中国有"匠心之轮""超达"等网球学校；美国有IMG、 Van Der Meer、Vic Braden、John Newcombe 、Hopman 、Evert等网球学院，还有一些和耐克合作的夏令营。

卡洛斯·罗德里格斯是一个知名的网球教练，现任北京"匠心之轮"国际网球学院院长。他曾经带出两个世界级冠军，一个是比利时选手海宁，另一个是中国选手李娜。卡洛斯执教的网球学院体育设施完善，开办长期训练班和夏令营。

超达国际网球学院以培养职业运动而享誉全国。

国外有很多好的夏令营。IMG 网球学院的主帅波利泰尼的夏令营以严格的训练著名；Van Der Meer 则以它有效的标准化训练理念为支撑；Vic Braden 用科学的击球训练来吸引球员。

偶尔，这些名人教练会亲自教孩子，但是大多数情况下，他们只是把自己的经验和理念灌输到夏令营流程中，来教导其他教练。所以即使你没有在俱乐部看到那个大名鼎鼎的教练，也不要担心，其他教练总会从大师的安排中学到东西。

夏令营会安排孩子们 4~5 小时在球场上度过。这样比较紧张的时间安排可能会让孩子劳累，因此应在入营之前训练孩子的耐力，让孩子在夏令营中保持健康，远离伤病。

耐克的夏令营往往还会建议孩子们写下自己短期或者长期目标，并且说明如何在夏令营中实现自己的短期目标。专家建议在每天结束时都做自我总结，并且给自己在努力程度、专注力、态度以及责任心、冒险精神上评分，记录下自己获得了多少快乐。

回家之后也可以让孩子写下获得的成就、学到的技术、交到的新朋友，以及在球场上练习所学的新的训练内容等。

十、整装待发

　　一个极简主义的人可能只需要球拍和网球，就能享受一辈子的网球运球乐趣。但是如果你去教孩子这些，我只能说你有些一厢情愿了——你要努力让网球变得有趣，这样他们才愿意多打网球。

　　现在的网球拍有各种各样的款式，你可以把彩线穿在球拍上或者在网线上喷上孩子的个人图案。市场上有许多不同颜色的拍子供你选择，价格也不贵。ITF 针对 10 岁以下不同年龄和技术水平的儿童推荐了不同颜色的网球。这对孩子来说也是一种时髦，艳丽的颜色总会让人开心。

1. 美德

　　你的"小公主"在电视上看到了网球运动员佩戴的好看的饰品，如果你能给她买的话，她一定很开心。

　　网球拍则不一样，你的孩子起码要比网球拍高，买拍子才有意义。对于初学者来说价格越高的拍子不一定是越好的——其中很大一部分钱都花在品牌效应上了。也不要买过于便宜的拍子，如果拍子过快失去弹性，或者重心不平衡的话，容易导致运动损伤。第一支球拍中等价位就可以。

你的孩子毫无疑问地想要最好看的衣服和鞋子。为什么不用一种方式让孩子来挣呢？对于初学者，叫他们做一些家务或者整理自己的房间。如果用网球比赛结果来激励孩子就不好了——"如果你在决赛中打败了对手就给你买好看的鞋子"，这绝对是不可取的。还可以考虑这些交换条件：对于 8 岁的孩子来说，可以让他们按时到达场地训练；让 10 岁的孩子一周内拒绝垃圾食品。

如果你的孩子进步很快并且成为一个颇有竞争力的选手，你可以在他打了一场很精彩的比赛或者一发成功率达到 60% 时给他买一双好看的鞋子。

2. 球拍

球拍是球员最重要的装备了，一个合适的球拍可以让孩子学习起来更快，并且手腕、手肘、肩部的受伤率会降到最低。挑选球拍，不要怕花时间。

球拍通常是穿线的并以其长度来描述的。推荐的球拍型号要依据不同网球选手的身材和力量而定。表 10.1 是为孩子推荐的拍子。

表 10.1 球拍推荐

孩子的大致年龄 / 岁	孩子的大致身高 /cm	推荐的球拍长度 /cm
2~4	< 102	43
4~5	< 102	48
5~7	103~117	53
7~8	118~132	58
9~10	133~155	63.5（"0"式握拍）
10~11	> 151	66（"1"式握拍）

如果你的孩子高于 1.6m，你就可以把他当成年人对待来挑选属于他自己的球拍。球拍的长度和重量决定挥拍的舒适度，同时拍柄的大小也应该握上去很适合。如果长度合适但是拍柄太细，就可以向店员要加大一号拍柄的球拍，这样握上去才会舒服。

好了，这时候你有了一个合适的拍子的清单，价格在你的承受范围内，就让你的孩子来挑选吧。他可能会选一个色彩好看的或者印有明星图案的，就让他做主吧。

记住，孩子发育很快，所以要在 1 年内给他更换适合的球拍，甚至在更短时间内。放心，中等价位的成年人球拍一般在 800~1500 元，儿童球拍一般 40~300 元。当你的孩子买了成年人的球拍，并且参加激烈的比赛，球拍就不必换那么勤了。对参加比赛的球员来说，至少要有两把拍子。比赛中将拍框打断是不常见的，更多见的是球线被打断。

当你的孩子能够稳定相持和发球时，买拍子时就需要考虑更多因素，如拍头的大小、球拍的硬度以及球线的磅数；还可以和孩子的教练探讨一下，因为有些因素是由孩子的打法所决定。比如中等拍面（$90\sim105\text{in}^2$），更适合于发球上网型球员，大拍面（$110\sim135\text{in}^2$）更适合底线相持球员或者双打球员——可以加上更多旋转、增大甜区。

3. 球拍的保养

当你听说会有一部分人的职业叫作"球拍保养师"的时候，你就会意识到球拍的保养有多么重要。每支球拍都有使用寿命。职业选手的球拍使用寿命只有三个月。一个每周训练二三次的球员，球拍的使用寿命是一年。我的学员里有的球拍一直用了十年。

球拍最易受损的存放地点就是车厢内。对网球拍来说最舒适的温度是15.5~26.6℃，而在阳光暴晒下车厢内温度可以高达60℃，高温使球拍弯曲变形、球线失去弹性。另外，一个合适的网球拍包是很有必要的。

好的球线可以帮助球员发挥出最高水平，这并不难理解。就如在水泥地上跳高和在蹦床上跳高，哪个能跳得更高？反复摩擦和拉伸会使球线失去原有的弹性并被压出凹痕。

使用一段时间后，球线没有断裂，但最好剪断重新穿一条。这不仅可以延长球拍的寿命，还可以增加球员回球的力量和对球的控制。一般的网球器材用品商店都会提供穿线的服务。球线根据材料的不同价格从十几元到几百元人民币不等。

美国穿线师协会的球拍保养师建议球员一周打几次网球一年就换几次球线。这就意味着如球员一周打三次球，一年就需要换三次球线。

在换球线的时候也要注意拍柄上的吸汗带。吸汗带表面有小孔可以让汗流出，并且吸收震动。如果吸汗带旧了，就会导致球拍在手中旋转，可能会伤到手臂。

球员可以自己动手换吸汗带，不要绑得太厚，也不要露出空隙，右手球员以顺时针方向在拍柄最底端开始绑，左手球员应以逆时针方向。

4. 脚的保养

步伐在网球比赛中是非常重要的。休伊特，身高1.8m左右，在职业选手中算矮小的。他没有特殊的击球绝技，但是可以轻松打败自己的对手，因为他比任何人都先跑到球附近。

（1）鞋子。

选手需要一双花哨的鞋子吗？不，打网球时选手需要快速启动和急停，要求鞋子能支持网球运动中特殊的变向运动。一双好的鞋子能够保护选手的脚踝，防止受伤，并且能够让选手更好地发挥技术水平。

跑步鞋和训练鞋不能支持网球运动，它们较高的底部会增大扭伤脚的概率。平底的网球鞋，可以帮助更好地保持平衡。名牌网球鞋会贵一些，但是它们可以较好地防止运动损伤，更加安全。

绝大多数球员在击球过程中都会磨损球鞋，尤其在发球技术动作结束后和侧向移动时，球鞋前端和两侧的橡胶会更多地接触到地面。因此，网球鞋这两个部位的橡胶应更耐用。鲱鱼骨式的花纹底的球鞋比棋盘底的球鞋能提供更大的摩擦力。草地上的球鞋比硬地上的球鞋有更多不同的纹路。专家建议每6个月换一双网球鞋，因为即使网球鞋看上去还不太破，但经过洗涤，鞋子里面会变得柔软呈海绵状。

（2）袜子。

脚上的汗腺比身体任何一个地方都要多，一双汗湿的袜子会使你的脚与袜子摩擦产生水泡，专业的网球运动袜能够透出水汽，使脚保持干燥，并且在脚趾和脚后跟处起缓冲作用。如果你的小天使喜欢跟潮流，也可以选用低腰袜子。

（3）鞋垫。

桑普拉斯曾经受过几年的胫骨伤病，因为他在移动过程中脚在鞋内向内滑动并且身体重心总是保持很低的状态（这也会导致跟腱肌腱炎）。运动专用的鞋垫可以完美支撑和稳固脚掌，防止向内移动。

5. 服装

当孩子小时，学校的运动服都能够满足运动要求。当孩子想认真学习网球的时候，你可以给他买套网球服装。

女孩子的网球服种类会多一些，一般是网球裙或棉质的 T 恤等，很多都是速干面料，并且有一个口袋可以装二发的球。男孩的衣服一般都有领。不管选什么样的服装，一定要有口袋可以装球。

6. 从头到脚：装饰

装饰品是赏心悦目的，比如女孩的头饰，但是并不是必需品。记得塞雷那·威廉姆斯在球场上散落了她的耀眼头饰吗？这是违反规则的，所以当你的小姑娘想在球场展现美丽的时候，把头饰给她戴紧一些。

7. 帽子

一个普通的棒球帽既可以防止强光射眼，也可以防止脸部晒伤。许多运动品牌都推出了网球帽。网球帽的款式分遮顶和漏顶。

8. 防晒霜

在上场前 20 分钟涂好防晒霜。SPF30-50，其中的数字表示防晒的时间和程度，是专门为运动员设计的。防晒霜的作用不仅是防止晒黑，更重要的是防止皮肤晒伤。在涂抹时，要注意能被晒到的皮肤都要涂抹，尤其要注意几个细节部位：与衣袖衔接的部位、发际边缘、颧骨和鼻梁处。

9. 头带和腕带

男孩们头上戴个印花大手帕可是很拉风的哦。头带能够避免汗水和湿润的头发碰到眼睛，女孩也可以用。腕带能够避免手臂上的汗液流到手上去，也可以用来擦拭额头上的汗水。头带应该是棉质和莱卡氨纶质的。

10. 减震器

减震器是一个放置于拍面下端线之间吸收震动的装置。它也能减小重复性压力，避免球员患上网球肘。另外，它也可以装饰网球拍。它有很多样式，有"红色眼睛""霓虹灯式""水滴形"等，都很漂亮哦。

11. 球拍包

球拍包有两只、三只甚至六只球拍装的款式。球拍包有很多小口袋，有装钥匙名片的，有装鞋子和衣服的，还有装手机和水杯的。如果你骑车去网球场，背上背一个网球包是再酷不过了。对于青少年选手来说，也可以买一个有轮子的网球包。

12. 网球

有人用一个国家的网球销售水平来评估这个国家的网球发展水平。Head 和 Penn 公司每天大约要生产 25 万个网球，网球在它们国家肯定很热门的。

一个典型的充气网球只能坚持 3~6 盘的击打，或者 3 小时的训练。当网球筒打开之后，网球就会在 3~5 周失去弹性。这种球会影响训练并且导致网球肘。我们怎么判断网球"死"了呢？把一个网球从 2.54m 的高度放下，落在硬地球场上，正常的弹跳是在 1.34~1.48m，如果弹跳过低，球就是"死"了，可以扔掉。

网球要经常更换。通常，在球筒或者球包里的球能长时间保持气压和弹跳。那些放在发球机里的网球也可以使用 1~2 年。但是要在比赛前一个星期使用正规的比赛球，以利于比赛。

有些训练用球往往由两种颜色组成，这种球适用于练旋转球，因为孩子们更容易看到球的旋转。

13. 球场装备

球场上有许多装备可以使训练更加方便。条件好的俱乐部还会备水和毛巾。

14. 球框

一般的球框可装 70 个网球，并且在训练的时候可以用来承载、收集和喂球。在框架的底下是金属条，方便拾取网球，边上的铁丝可以作为拉手，放到下面就成了球框的脚。球框方便进行喂球。有些球场的教练会使用超市购物车做球框，方便在场上移动。

15. 球管

网球选手往往不喜欢捡球，但是当给你 6 岁的孩子一个球管时，情况就不一样了：它可以装大约 20 个球，不需要俯身就能够捡球。

16. 迷你球网

4~10 岁的小朋友推荐使用迷你球网。它一般 3~5m 长，价格在 180~1200 元。迷你球网可以在几分钟之内搭建完成，不需要任何工具你的草坪上就会出现一个小网球场。

记得在打球之后收好你的球网,卷成一卷放置好,不要让它在外面过夜。

17. 训练辅助设施

你的孩子找不到训练搭档？击球训练器、反弹网、带橡皮筋的网球(这个不建议购买，因为反弹方向不好掌握)都能在网上买到。

18. 发球机器

发球机能够每 5s 击出一个网球，每小时最高可达 153km，有各种各样的旋转和轨迹。选手用发球机训练可以提高击球稳定性和集中力、耐力。一般的发球机价格在 7000~30000 元。

新一代的发球机已经上升到了一个新的水准，这种发球机可以设置成各种各样的模式，打出任何形式的球，比如平击球、挑高球、旋转球和切削球，球能够落在球场的任何位置。

当阿加西还是个小孩子的时候，他的爸爸就在球场上放置了多个发球机，所以你也需要有一点前瞻性。

如果你在俱乐部练习，你也可以找到那种用电池的发球机，不到 23kg 重，一般需要付费租用。

19. 反弹网

如果你家有足够的空间，你可以给孩子买一个反弹网，避免网球丢失。这种网能够吸收网球的冲击，不需要任何工具就能安置。

20. 地面标志物

地面标志物有各式各样的：有像帽子一样的锥形筒，还有像飞碟一样的锥形盘；有圆形和条形的地标垫，还有绳梯；颜色有亮丽的黄色、橙色和绿色。放置标志物可以让孩子击球的目标更明确，并且使训练变得更有趣。

21. 比赛球包里放什么

你的 11 岁的孩子在俱乐部已经毕业了，并且打败了所有人，开始去外面参加巡回赛了，你该教他如何在商店里采购，以免他迷失在商店里。

一个认真整理过的球包可以让你的孩子发挥得更好，下面是一些必需品：

①两把拍子。

②一罐（筒）网球。

③水。运动员每小时可以喝 2 升水，注意运动中饮水方法：小口抿，多次少量。

④能量。能量棒、饼干和香蕉，这些可以为孩子补充能量，尤其是有两场比赛的时候。

⑤毛巾。

⑥防汗带和头带。

⑦帽子或者无顶帽子。

⑧防晒霜。

⑨急救药品。如化学制冰（云南白药喷雾剂）和创可贴。

⑩更换的衣服。记得带上更换的衣服，换一件衣服可让选手感觉焕然一新。

其他必需品还有袜子、外套、赛程和规则文件、放松物品（耳麦、游戏机或者小说）等。

22. 买合适的东西

给孩子买最适合的拍子和鞋子对家长来说有点困难，尤其当家长不懂网球时，应向经验丰富的教练请教。

商场和超市不一定能提供你需要的商品，而专门的网球经营店和体育用品商店往往能满足你，尤其对初学者来说。这些商店一般在俱乐部附近，往往还有穿线服务。

23. 职业选手的影响

有的球员会注意职业选手穿什么、用什么。当然，职业选手用的东西往往和赞助有关。然而，我们可以确定职业选手不会为了赞助而选择不好的拍子。收集一下球星用什么穿什么，也是球员的一种业余爱好。

十一、身体状况

经常打网球能够保持身体健康，然而参加其他的运动项目也是有必要的。从幼儿青少年时期，是孩子发展运动能力的最佳时机。参加各种运动可以很好地锻炼他的各个肌肉群，可以减少因为网球运动而受伤的概率，并且能够提高网球水平。

科学家一次又一次地告诉我们身体活动和大脑发育是正相关的。当身体变健康了，脑袋也能更灵光。

1. 身体健康测试

身体健康测试分为六部分：心血管呼吸耐力、体脂百分比、腹部力量和耐力、躯干力量和柔韧性、上肢力量和耐力以及整体灵活性。可用这六个方面来测定孩子的健康程度。

2. 网球表现

当球员在网球场上进行比赛的时候，边上的一台计算机记录下了他们在球场上的移动线路。

这种电脑记录系统被称为 Lucent Vision。它显示选手在 5 盘大战中往往会跑 10km 长的距离，他们的跑动速度为 35~37km/h。当然现在有更先进的设备，如诺瓦克·德约科维奇使用的 Smart Court 已经进入了中国。

更好的身体条件不仅能让选手继续进行下一场比赛，而且能帮助选手更早跑到合适的位置，击出力量更大的球，回位更快，成为一个强有力的选手，还能减少选手因为过度劳累而导致的伤病。

美国网球协会给全国排名第 8~80 的青少年做了一个测试。研究表明，变向能力的强弱最能影响孩子们的网球能力。

当然其他的因素，比如耐力、力量和速度也会影响孩子们的网球水平，但一般是在男孩 12 岁和女孩 10 岁以后起作用。

3. 参加其他活动

孩子发展各种能力的最好办法可能就是让他参加各种各样的运动项目了。这对 14 岁以下的孩子尤其有效，他们往往乐于参加其他运动项目而不是在健身房里锻炼。参加运动项目可以全面提高孩子的身体素质，避免孩子只打网球而导致发育不平衡，反过来也会增加孩子的网球水平。游泳和滑雪是锻炼孩子全身肌肉最好的二种方式了。滑冰和跳舞也对身体有益。

曲棍球，无论是在冰上的还是在地上的（旱地冰球），对孩子的手眼协调很有好处。垒球的抛球和网球的发球很相似。贝克尔直到 12 岁都在通过足球来练习他的脚步移动，他也经常邀请波利泰尼一起参加篮球运动。篮球运动能很好地发展他的空间感觉和脚步移动能力，以及手眼协调能力。费德勒也是从小打冰球，纳达尔小时候踢足球。瑜伽能够减少伤病，使身体更灵活和强壮。

并不是所有运动都对网球有帮助，有些还会阻碍网球水平的提高，比如乒乓球运动会使网球的收拍动作更小，并且向下掉拍头，导致击球下网；羽毛球会使用更多手腕动作，不利于网球动作。

下象棋对网球运动也有一定的帮助，有助于发展战术思维。

4. 使训练变得有趣

孩子往往会因为训练的枯燥而感到无聊。这时你需要让训练变得有趣一些。重复的技术训练是枯燥的，尤其是当对握拍的方式和技术动作不断地纠正时。战术部署中的技术训练就变得有了灵魂：发球上网后的截击；底线拉大角后的变直线。带着战术的训练会让球场变得生动。我们的教练更重要的想法是让球员在有压力的情境下训练，学会判断和处理来球，并执行球员的战术意图。

5. 协调性的训练

协调性往往与相关肌肉群的配合有关。协调性训练可以使肌肉纤维变得更长、更有弹性，减少因为救球而拉伤肌肉的概率。

孩子进入球场直接就去打球是不对的。如果教练在上课之前没有进行热身训练，家长应该早到 5~10 分钟让孩子预先活动一下。训练之后的放松也是很有必要的。

教练可用形象而有趣的话语让孩子们一起动起来。比如，拉伸肌肉时有一项是单脚站立，另一条腿向后抬起，身体前倾，双手伸直，像一只鸟一样，这时候你可以大喊一声"鸟"，孩子们就会笑呵呵地和你一起做。

根据孩子们的情况，有时候加入瑜伽也是明智的。它可以拉伸肌肉，锻炼力量，还能提高控制肌肉的能力。网上有很多关于瑜伽的视频，在让孩子们做之前一定要亲自练过。

6. 锻炼力量

小孩子不需要进行力量训练，只是简单鼓励他们多到外面去运动。各种运动都能使肌肉在受到阻力的情况下活动，使肌肉变得更加强壮，骨质更坚实。

力量训练分自重练习和负重练习。利用身体重量的肌肉力量训练是安全的，如蹲起、马步、俯卧撑、引体向上、仰卧起坐、爬绳子等。负重练习是利用训练器械增加重量负荷对肌肉产生更大的刺激，如杠铃、沙袋、组合器械等。16 岁以前应避免大负荷训练。

7. 间歇训练

这件事可能会让你吃惊：一个经常参加长跑的人，能够完成一场马拉松，但是不一定能坚持下一场酣畅淋漓的网球比赛，因为网球需要肌肉间歇性地爆发出极大力量。

在短距离冲刺的运动中，肌肉中储存的肌糖原和 ATP 释放能量后的产物就是乳酸。运动过后乳酸往往会让肌肉感觉不适：隐隐地酸疼。适量的有氧代谢能帮助身体消除乳酸。

针对网球项目，我们有一种训练方式叫作间歇训练法。它对间歇时间做出严格的要求。其间肌肉需要一个调整过程，会增大对乳酸的耐受能力，身体的毛细血管由于心肌能力的增强会增多，能够更好地运输氧气，这样的训练对网球场上的表现有所帮助。

在常规的热身完成之后，开始跑步：跑到最快速度的 70%，保持大约

1分钟；然后休息 2 分钟，再跑 1 分钟，重复 5 次。

爆发力训练可以使肌肉在最短的时间内迸发出最大的力量。这种训练可以增强孩子的力量和移动的速度。训练方式为同一肌肉的快速收缩的，有很多都是为孩子设计的，比如药球、跳房子、蛙跳、兔子跳等，都可锻炼肌肉力量。

8. 身体重量

如果把体形练成举重运动员那样，对提高网球技术水平是没有帮助的。增加肌肉的重量可以提高击球的力量，我们的目标是在不损伤灵活性和柔韧性的情况下增大肌肉和骨头的重量，可以使用哑铃、弹力带等来训练。建议在 16 岁以后再开始用此方式练习。

9. 良好的饮食

许多家长和教练越来越重视饮食平衡。运动所需的蛋白质、脂肪和碳水化合物更需要合理摄入。

比赛期间需要更多的能量，所以在比赛的前一个晚上合理的饮食是非常重要的。比赛前 3~4 小时补充能量也能使选手在球场上有充足能量。那些富含碳水化合物的食品是最好的能量，如全麦面包、土豆、面条、饼干、葡萄干、香蕉等。在比赛后 1~2 小时可再次补充一些能量，千万不要忘记补水——可以选择运动饮料或者水。切记运动中避免喝带汽的饮料，因为在奔跑中你不知道什么时候就会有一股气冲到鼻子里。

10. 其他

科学家现在证实了维生素的功效。抗氧化因子以及矿物质对运动员来说也很重要。

青少年尤其需要各种营养，因为他们正经历身体的快速发育。不管他们喜欢不喜欢，食物的种类丰富一点总是好的。

11. 身体组成测试

你要相信好的饮食会带来好的身体。两个简单的测试就可以看出孩子身体的组成成分，一个叫皮褶厚度测量，另一个叫身体质量指数测量。测试得出的数据可以算出孩子的体脂百分比以及身体骨骼、肌肉和内脏的重量。

皮褶厚度——用皮褶厚度测量夹，测量背部和大臂下侧的皮褶厚度，用这个数据来换算体脂百分比。

身体质量指数——测量身高和体重，在 BMI （body mass index，身体质量指数）台上测量身体的各项指标。

12. 移动速度、敏捷、反应速度

速度是选手快速覆盖场地的能力，敏捷是改变方向的能力，反应是对各种信号刺激快速应答的能力。当你观看休伊特的比赛时你会发现他这三项能力都是无与伦比的。选手在这三方面都很出色时，就能接到球场上绝大部分的球。网球选手往往在击一次球时跑 9 步，每得一分大约跑 24~36 步。我们细分一下选手的移动，向前移动占了 47%，向两边移动占了 48%，向后移动占了 5%。所以训练时应该注意选手的横向和前向运动能力。

篮球运动、足球运动和网球运动的移动最为相似。前二者都能够提高选手的移动能力，间歇性训练和爆发力训练也都能够提高选手的移动能力。

许多教练在热身的时候就加入了移动能力训练。跳步、绳梯、线内折返跑等都能够调动学生的跑动积极性。

你也可以通过以下方式来训练孩子：家长和教练相距大约 2m 站立，每人手上拿一个网球，把网球放在头顶高度，然后掷向地面，孩子需要马上反应并且在第二次弹跳之前抓住球。你也可以通过增大间距来增加难度。

13. 有氧能力

在呼吸匀称的情况下的运动时长体现选手的有氧能力。青少年阶段是发展有氧能力的黄金时期。

网球比赛中 70% 的情况下，运动员是在短暂的爆发性发力，但是经历 1~2 小时，甚至更长的比赛时间，还需要有氧代谢做支撑。网球选手在持续多拍回合的拉锯中，乳酸的含量会不断增加。在这种情况下，有氧代谢能够消除乳酸，因此青少年时期提高有氧供能非常重要。

游泳、慢跑等都是发展有氧能力的运动。对于网球专项训练来说，不要去长距离跑步，可以做间歇性训练。

14. 受伤

没有付出就没有收获，在任何运动中都有这个让人不太爽的真理。肌肉要想变得强壮就必须经历被破坏—重建的过程。如果破坏的程度大过修复，损伤就会出现了。大量的负荷就是"付出"，之后你才能期待收获。疲劳也是把自己推到极限的表现形式。一个冠军的教练曾经说过：带出冠军的教练不一定伟大，带出没有伤病的冠军才值得骄傲！

15. "好的付出"与"不好的付出"

"好的付出"导致的疲劳是暂时的，不会超过几个小时或者一天，休息之后一切疲劳都会消失不见。

但是有些疼痛，在训练之后很长时间依然存在，它会直接影响比赛的发挥，甚至影响运动之外的事情，如走路、睡觉、握手或者穿衣服。在休息之后并不会消失，这就是我们说的"不好的付出"。孩子出现这种状况的时候应寻找医生的帮助。

有时候孩子们为了完成重要的比赛或者为了团队排名，他们可能会隐瞒自己的伤痛。杜绝这种现象的最好方式就是在疼痛发生以前就让孩子分清哪些是正常的疼痛，哪些是不正常的。告诉他们为什么需要第一时间反应，如果及时处理或者防止发生，能够健康快乐享受一辈子网球运动的乐趣。

16. 一般的疼痛

网球运动损伤的疼痛一般会出现在肩部、手肘和膝盖。家长、教练和球员需要时刻注意"不正常的疼痛"，并且及时寻求医生帮助。

网球肘常表现为肘外侧的疼痛。小臂反复的内旋会导致网球肘，最常见的原因如下：

①单手反拍击球的时候过早；

②不合适的穿线磅数；

③拍子的震动过大。

只需要简单地调整就能够避免或减少网球肘的发生：在击球的时候迎上前一步；穿上合适磅数的球拍线；锻炼手腕和手肘的肌肉。

在硬地上跑动和变向易对膝盖产生损伤。网前截击、接发球和大力击球都需要很大的腿部力量，可以采用蹲起、弓步和爬楼梯等方式锻炼腿部肌肉。

一个干脆利落的平击发球能够很轻松得分，但是反反复复地使用大力发球和高压球会损伤肩部和手臂。肩部损伤可以通过充分的肩部热身来避免，网球之外的力量训练也能够有所帮助。

17. 健康的习惯

网球运动伤病的最大问题就在于你不知道它什么时候会产生，直到已经出现疼痛你才会停下来。康复训练往往需要长时间的休息和治疗。再提醒一次，一定要让你的孩子自己分清什么是正常的疼痛什么是不正常的疼痛。良好的习惯可以避免伤病的产生，具体如下：

（1）全身的健康是防止伤病的基础保障，但是也要注意那些击球中经常需要运动的部位，比如腿、前臂、肩部。

（2）有氧运动，在网球运动之后做几分钟很重要。

（3）一定要穿合适的网球鞋。对网球运动员来说，登山鞋或者跑步鞋都特别不适合。

（4）在正规的地方测试球拍的弹性和球线的磅数。

（5）千万不要在疼痛的情况下继续打球，应寻求医生帮助。

（6）在出汗时多喝水。

（7）在医生的指导下大约每半年做一次身体测试。这对竞技运动员尤为重要。

（8）合理的击球技术动作。早早引拍，把球拍引到身体之后，让手肘离身体近一些，转动髋关节，把重量传导到球上，随挥。

（9）休息。在运动之后需要保证足够的休息时间。

18. 身体状况

家长和教练可以在相关期刊、视频网站和电视节目中找到许多关于身体状况的讨论，保持身体健康是最重要的事情。

一个平衡的身体状况包括灵活性、力量、速度、有氧能力。在进行身体训练之前需要咨询医生或者有网球专业机构认证的教练，一年一两次的测试是有必要的，表 11.1 可供参考。

表 11.1　身体状况与训练计划

年龄	身体状况
13 岁以前	在打网球前有热身的习惯，做有氧运动或者拉伸，在运动之后有放松
	在网球课上表现出适合年龄阶段的技术，能重视敏捷、速度更好
	参加各种各样的运动，在其他运动中能达到初学者的水平，如以下项目：游泳、滑雪、滑冰、跳舞、冰球、曲棍球、篮球、足球
	有足够的时间参加其他活动
14~15 岁	进行小力量训练，每一组起码选择一项： ①瑜伽、武术，其他灵活性和控制身体的活动； ②身体重量锻炼：间歇训练、爆发力训练、弹力带训练等
16 岁及以上	聘请一个健康指导专家或者有自己的一套训练计划

十二、精神游戏

在早期网球训练的时候加入意志力训练不仅可以让孩子在网球道路上走得更远，也会让孩子的品质变得更好。

健康的精神包括三个方面：思想观点、意志力、意志和身体的配合能力。前者的培养可以由网球场上的教练和网球场外的家长共同完成；后两者则需要在不断的网球练习中完成，学习武术课、瑜伽也是可以的。

1. 家长作为一个精神教练

家长可以通过三个方面来给孩子最大的影响：

①成为孩子的精神教练；

②在球场之外关注孩子的身体状况；

③定期陪孩子一起打球。

精神教练并不复杂，也不需要花太多时间，只需要坚持在孩子打好比赛后拥抱一下，给他传达积极的态度，这样可以让他在比赛时不那么紧张，并且淡化输赢。这些对孩子来说十分重要。

选手之间的握手也意味着感谢对方能给自己一个进步的机会，并且能够把比赛的重心由打败对手转变成挑战自己的潜力和加强对目标追求的动力。

选择正确的时间来指导孩子尤为重要。你需要确定孩子在倾听，如果他的注意力涣散，就会不耐烦地点头或者说"我知道我知道"，这时家长应选择其他合适的时间和孩子聊一聊。

你可以在送孩子去训练的路上和他讲："教练是如何让你提高击球的成功率呢？对，击打笑脸的嘴。那天教练讲如何在击球时盯住球呢？哦，在击球的时候要力求看到球的商标是吗？"这样孩子会在接下来的练习中学以致用。

下面列举了一些可以和孩子一起讨论的有趣的问题，现在家长是孩子的精神教练。

（1）比赛的真谛是什么？比赛是个灾难还是一个挑战？可帮助你提高技术水平吗？怎样比赛才能使你进步？业余比赛和职业比赛有什么不同？

（2）为什么连续两年的冠军获得者，你还是惧怕参加比赛？难道这会使家人和亲友对自己的期望过高？你应该怎样做才能使自己放松并且享受比赛？

（3）如果比赛会面对最好的朋友，自己的水平比朋友要高，并且十分想要胜利，但又不想伤害到对方的感情，该怎么做呢？

（4）孩子和朋友的比分是 6∶3、6∶4，但是你们之前的比分往往是6∶1、6∶0，你的朋友应不应该觉得自己提高了呢？

（5）比赛之后你感谢对手、裁判、父母和教练了吗？

2. 球场上的意志力

球员往往在比赛时受到焦虑、窒息感甚至僵硬的困扰，这些症状都是意志力不够的表现。如果出现焦虑和呼吸困难就是对比赛结果太重视所导致。

我曾经看到过这样的话："我遇到的最伟大的球员往往都是那些忘记过去和不忧虑将来的"，"他们当前的注意力都在即将要打的这一拍球上"。集中注意力于每一分是球场上意志力训练的一部分，那么分与分之间呢？可以积极地放松一下。

3. 意识

忘记之前打的那一拍吧，因为周围的事物需要球员充分感知：阳光，风，球的旋转、轨迹，球拍的感觉，身体的移动，呼吸和目标区域。"意识是一切"，著名的篮球主帅菲尔·杰克逊说道。

教练的挑战往往在于如何教导孩子提高注意力。你仅仅嘱咐孩子注意力集中是没有用的，专门的训练必须渗透到训练计划之中。

以下训练可帮助孩子提高专注力：

（1）标志物。许多孩子的注意力都集中在正确的击球动作上，而忽略了球的落点，球究竟要去哪里？可以在底线深区放置一个标志物，在完成击球动作之后，观察球的弹跳，呼报出球的落点与底线还有几尺。

（2）高度训练。孩子把球抛高之后呼报出球弹跳的高度。

4. 观察球的能力

你可以和你的小猎犬做如下实验：让它坐在地上，拿一个网球在它面前大约60cm的距离先顺时针转两圈，再逆时针转两圈，观察小狗眼睛的转动，在球抛出去之后，一会儿它就给你捡回来了。

秘密是什么呢？这就是快速的脚步移动能力，以及更重要的观察球的运行轨迹的能力。球员观察球离开对手球拍之后的运行轨迹的能力越高，移动越节省时间。

许多教练会使用 1-2-3 训练法来训练球员的观察能力：球被对手击出来的时候喊"1"，球落地的时候喊"2"，击球的一瞬间喊"3"。这样的方法也可以用到接发球练习中。

抛球 - 击球 - 弹起 - 击球训练法用来训练接发球技术。对手在抛球和击球的时候，接发球选手需要喊出"抛球""击球"，当球落在自己这边场地上时，球员喊出"弹跳"，击球的一瞬间喊出"击球"。

5. 保持注意力

库尔滕在分与分之间，他会像往常一样咧嘴笑，并且调整拍线，看看网球界线，或者时不时观察一下对手。莎娃在分与分之间，也会习惯性地面对背板做心理暗示后，再拍几下大腿跳两下然后走到底线。

一般每一个小时的网球比赛，打球的时候不超过 15 分钟，另外的 45 分钟是分与分之间的间隔、换边、捡球或者发球前的准备，球员的注意力是很容易涣散的。比如糟糕的一发，或者心中窃喜"天呐，我不敢相信我把他打得落花流水"……你想得越多，你就越难集中注意力。

一个好的办法是：在分与分之间集中注意力于呼吸大约 25 秒。这不是要求球员怎样调整呼吸，只是让球员的注意力不要分散。

另外一个关于分与分之间集中注意力的方法，由运动心理学家卡尔和职业教练罗伯特提出，在他们的书里，这个方法被称为 3R：

① Release：释放前面失去的那一分导致的消极的想法；

② Review：回想刚刚发生了什么，什么起作用，什么是无用的；

③ Reset：集中注意力于下一分。

6. 另一个家长

家长可以一直引领和教导你的孩子。但是你不能不考虑环境对孩子的影响。也许当你正在给孩子讲解过程比结果更重要的时候，电视上播放出一个小孩因为获得了网球冠军而大出风头，即使电视上也描述了这个孩子的努力，但是所有看电视的人都会关注孩子的胜利。这就给了孩子一个错误的信息，和你刚刚教导的完全相反。

现在的媒体是那么的发达，因此想要杜绝孩子接触到那些信息是不可能的。不管那些信息正确与否，你都无法否定它在某种程度上影响了孩子的世界观。

养成良好的观看电视的习惯是有帮助的。比如，你可以要求孩子在看电视之前向你申请，然后你再选择性地给他看一些积极的节目，这点需要你认真对待，因为对孩子的成长影响很大。

7. 滥用药物

职业网球选手会在比赛期间测试是否服用过类固醇等，甚至在球场之外任何时候主办方都会抽查。国际药物检测协会在比赛期间为男子网球选手检测大约 1000 项药物，比赛之外检测 100 种药物。

第一次检查出来的结果如果是阳性的，将会被禁赛两年；如果第二次还被检测出来，就会被终身禁赛。青少年球员同样适用这一标准。

2016 年的澳网，莎拉波娃被查出服用了违禁药品被停赛 2 年。后来她的团队以心脏病的家族史服药 10 年和未及时获知违禁药品新名录为由提出上诉，终审判决她停赛 15 个月。

8. 防止倦怠

防止青少年选手倦怠的最好办法就是让他参加合适的类型及数量的巡回赛。在孩子的成长阶段，强调努力并且淡化输赢非常重要，但是如果孩子老是第一轮就出局，他会很快出现赛前倦怠。相反，一直胜利的话也要防止和化解心理问题，顶尖选手往往会因为要保住名次而变得情绪化。

选择比赛的难度，让胜负比保持在 2 : 1，让孩子能够顺利进入第二轮，这样他才有一些动力。也可以考虑通过参加单打和双打来控制胜负比。

如果胜率过高，就让孩子参加难度更大的比赛，老是在第一轮输球，那么就加强孩子的练习并且下次参加水平较低的比赛。

9. 其他的热情

当孩子全身心投入网球运动的时候，别忘记也要在其他运动项目上花点时间。其他项目可以作为娱乐，也可以使孩子的身体得到全面发展，减少伤病的产生。

"孩子不能仅仅把心思放在网球上，他应该还有其他的爱好比如电脑、音乐等，这样他才不会为即将到来的比赛焦虑。"波士顿的青少年运动专家说。

每年应抽出 2~3 个星期参与其他运动来放松一下，也可以考虑旅行、派对等活动。

10. 倦怠及其表现

你可以通过以下方法来防止孩子倦怠——管理、规划他的参赛数量和技术水平发展目标，鼓励他完成比赛，让他设置自己的目标。但是你怎么知道那些起作用了没有呢？

倦怠往往在孩子到达青少年时期开始出现，因为他们小时候的生活往往由家长安排，久而久之他们在心理上对家长产生了依赖性，直到青少年时期他们不得不自己面对。

家长需要在倦怠表现的初期就能观察到，比如孩子告诉你不想去上课，或者对教练有抱怨。还有的孩子会失眠、头疼或者肌肉疼痛，这些也是没有能量和信心的消极表现。

长时间的网球训练都会致使厌球期的出现，因此职业选手会在非赛期给自己安排时间放松，完全不接触网球，但保持体能训练。如果你确定孩子倦怠了，你需要让他从网球运动中退出来，参加一些其他活动，并且找时间好好交流。

十三、压制——怎样才算过量

　　家长往往为孩子考虑得很多。可是为什么有时候孩子尤其是青少年，会反抗这种善意的行为呢？为什么家长有时候觉得需要强制孩子去做那些他们不想做的事情。这些情况在运动型家庭中出现得更多。

1. 家长的目标

　　"我愿意为孩子做任何事情，希望他能成为下一个阿加西"，这句话显现出了家长目标的四个方面：

　　①孩子一定要学习网球，并且进入职业网坛；

　　②孩子要花大量的时间去练习网球；

　　③家长能够为达到目标提供经济保障；

　　④为了达到目的家长能够花费许多时间和精力。

　　显然如果孩子也全身心投入的话，家长的计划可能会进展顺利。然而孩子在青少年时，往往会有自己的想法。比如想去参加其他运动，这时候家长的计划就无法继续实施下去了。

家长可以调整自己的目标，使事情更容易控制，例如"我可以为你的网球进步提供经济支持"。这种做法可能比较生硬，但这种过程性的目标会让孩子觉得自己拥有主导权，家长只是提供一些帮助。

过程性的目标包括：

①把一辈子的网球运动归结为快乐、健康；

②提供充足的时间和金钱、情感支持；

③把网球运动作为一种教导人生目标和团队合作、性格培养的工具。

制订这些过程性的目标会让你有种完成任务的感觉，同时帮助你和孩子建立一个共同目标。无论孩子最终的职业是选择了网球球员还是医生，在这个过程中你都成了他坚强的后盾。

2. 家长为什么会变得强迫

在若干年的金钱和时间投入之后，孩子完成了自己的训练并且开始参加巡回赛，即使再有耐心的家长也会说出这句话："孩子，争取赢下这场比赛。"说这种话是正常的，因为家长付出了那么多，只想要一个结果——胜利。

3. 用胜利来衡量结果

家长想要孩子胜利是有理由的，至少是因为付出了很多金钱和心血。然而，这些付出却并不适合用比赛的输赢来衡量回报，应用他的进步和提高来衡量。家长仅仅关注结果，对孩子来说是不公平的。

胜利固然好，但是胜利只是一个结果目标。在运动中获得快乐和成长的机会，每一次心跳和跑动都能给孩子的成长添砖加瓦，丰富阅历。

问问自己，孩子在球场上学到生活经验了吗？给他的情感带来正面影响了吗？让他变得更加成熟了吗？如果答案是"yes"，那么你的钱花得值，不管最终结果是什么。

4. 家长早期的目标

家长一直逼着孩子训练的另一个原因，是在很早的时候，家长就想让孩子成为职业网球运动员。这时家长为孩子做好了选择，训练成了孩子的一项工作，持续训练的压力让训练不再有乐趣。结果就会导致家长不得不逼着孩子去练习网球。

我在美国做研究时了解到，美国大约有10%~15%的青少年网球选手拿到了大学奖学金，但只有万分之一的球员发展成职业网球运动员。你还想着让孩子成为下一个阿加西吗？任何家长都乐于看到自己的孩子在比赛中发挥出色，然后想着孩子一定有所作为，但是一定要记住这是你的梦想，不一定是孩子的梦想。

职业选手赢得比赛胜利更多是靠能力而不仅是努力。毫无疑问，想要排名在100以内需要巨大的努力，但是排名第一和排名第一百，差的就是能力。

想要让孩子转为职业球员需要科学的观察。一般来说，需要对孩子进行定期观察，参加14~18次地区或者国家级别的比赛；教练和随行的训练指导对孩子的能力进行中肯的评价，最终和家长讨论他是否有能力转为职业选手。

需要明白的是，转为职业选手的时机应该在选手的技术成熟之后，而且需要团队的共同决策。

作为家长，可能会希望有一天孩子大学毕业后成为医生，或者律师等。但是你要时刻铭记，这些只是你的梦想，不是孩子的梦想，而且你很难使二者变得一样。

"即使今天是孩子打网球的最后一天，你做的也是值得的。"跟自己重复这段话吧，你就不会去逼迫孩子了。

5. 牺牲——太多，太快

世界著名滑雪选手克里斯蒂的父亲吉姆说道："在滑雪开始之前，你永远也不知道需要花费多少，随着孩子一天天进步，需要的越来越多，我们陷得越来越深。"我相信很多"在路上"的家长都会有这样的体会。

这些言论用在网球运动上也是说得通的，网球运动甚至开销更大。一个网球运动家庭需要做出如下选择和保证：失去参加亲朋好友社交活动的机会；孩子的教育计划将会推迟；居住在不同的地方：家长需要在一个地方工作，照顾孩子时需要和孩子住在另一个地方——他需要旅居在有良好训练、参赛条件的地方。

这些合理的妥协都能让人接受，但是在做了追求职业网球这个决定之后，家长一般会说："我们爱你，为了你愿意付出一切，所以你需要好好努力。"这时因为孩子的网球事业整个家庭都因此改变了，孩子可能会想："天呐，整个家庭的期望都落在我肩膀上了。"

有时候家长总是在问：我的孩子适合不适合打网球？他有没有打网球的天赋？他能不能打出成绩？对这些问题，家长做出判定还为时太早。尤其是当孩子还在因为好玩而开始学习网球时，没有任何迹象能证明孩子在网球方面有特殊能力时，孩子还没有足够成熟到选择网球为终身事业的时候。

那些巨大的投入，尤其是金钱，出现得太早会增大孩子的思想负担。如果孩子在训练和比赛时都想着家庭的付出，就会阻碍网球水平的发展。当整个家庭都以网球为中心做决定，孩子即使想要放弃，也很难说出口。

我们相信一切皆有可能，但是家长也应该早早预测到竞技体育在经济上的消耗。这当然不是说家里拮据孩子就不能成功：可以减少私教课，买比较廉价的训练设施，减少旅行参赛次数，住比较便宜的旅馆等。

预先制定财政计划会减小家长的压力。家长的财政压力要是小一些，这对孩子的压力也会小一些，从而会为孩子的训练提供一个良好的环境。

USTA 从 20 世纪 80 年代起，为振兴美国网球，一直资助可成为未来之星的青少年选手。1990 年时，鲁宾才 14 岁，成了 USTA 国家队最年轻的队员，到达这个水平的时候其家庭并没有投入很多，不像其他选手的家长一样。

鲁宾的网球学习仅仅是在家附近的一个网球俱乐部，一周三次集体课。她第一次参加美国网球公开赛时，还没有上完三个星期的私教课程。鲁宾最高的世界排名为第六，获得了十几个 WTA 冠军。像鲁宾这样的例子还有很多。美国很多网球学校都会为优秀的青少年选手提供训练费用减免等优惠政策。

6. 向上挑战

当孩子有足够的竞争力经常完胜自己的队友时，会渐渐失去斗志——是时候让他挑战年龄更大水平更高的选手了。

在孩子还小的情况下，做此决定需要三思。9 岁的小孩虽然可能经常打败自己的队友，但是你要明白他和自己的队友一起练习还是开心的。参加年龄更大的组别对提高网球水平更有帮助，但是可能会影响他的交往。

还有一个问题要注意，当孩子和年龄更大的球员比赛时，输了之后可能以此借口，家长也可能会觉得情有可原。长此以往会阻碍孩子意志力的发展。

专家认为，最大限度凸显向高年龄组挑战的优势，而又弥补其不足的办法就是两个组别的比赛都参加。那些在队伍里很有竞争力的小孩可以尝试着和年龄更大的一个队学习：一般来说在本组一周训练三次，可参加一次大年龄组的集体训练课。

聪明的教练不会让孩子们产生某个特定的球员被挑去向上挑战的想法。很多时候，那些向上挑战的孩子还需要回到原来的团队继续训练。其原因可能是孩子不适应新的挑战，或者是教练觉得他还欠火候。重新回到原队训练会让孩子觉得自己降级了，解决办法是可以让孩子定期去挑战。有的家长再选择私教课一对一地进行训练。青少年或 10 岁以下年龄的孩子，应该多鼓励参与集体训练课。孩子们在团队中的合作与竞争，可以帮助培养人格。如果需要更快地提高技术水平，在集体课之余，加入私教课。

当孩子在年龄较大的集体课里训练，并且赢得一些比赛时，就可以参加相应的巡回赛了。网球技术水平较高的 9 岁运动员可以参加 10 岁级的巡回赛，并且可以尝试参加 12 岁级别的巡回赛。

如果在 6 个月之后，孩子的胜负比在 2:1 或者 3:1，那么他就可以参加 12 岁级别的巡回赛，在成绩稳定之后，可以尝试更高水平的比赛。

孩子和年龄更大的选手一起打球进步会更快。向上挑战对优秀学员来说是必要的，但也要让他和同龄人一起训练，这样才能更快乐并且容易培养友情。

7. 预防放弃网球运动

网球圈内的专业人士中，多数会让自己的孩子从小接触网球。他们认为孩子有良好的基因、来自家庭的职业教练、好的网球环境和设施。因为曾经的辛苦历程，大家对培养一个新的冠军并不感兴趣，只是希望能给孩子一个运动和锻炼的机会，并且通过网球传达父母的爱。但是有趣的事情发生了：孩子们可能并不真心喜欢网球。因为在训练的过程中，父母教练难免又会运用曾经的训练方法和训练量。时间长了，孩子很可能说出不想练网球的想法。

有些方法可以预防孩子出现"我想放弃网球"的想法：

①不要把年轻的球员推到某一项运动的太高位置；

②许多家长相信自己教孩子网球可以加强亲子关系，可以不用请职业教练；

③教会孩子享受网球，并且学会评价自己的进步而不是仅仅记住赢了哪些人输给了哪些人，比如"我把破发点抓住的概率有百分之四十"就比"今天我打赢了比赛"好得多；

④让孩子参加胜负比在 2 到 3 比 1 的比赛；

⑤随着孩子的成长，家长做决定时要让孩子参与。

家长做了他能做的所有事情，但是有时候孩子还是会放弃网球。孩子在 10~12 岁时，往往会听爸妈的话，遵循他们的建议。但是再过几年，孩子往往想自己做主，包括选择参加何种体育运动。抛弃网球运动可能是孩子向家长宣布独立的一部分。"爸妈都想让我打网球，我偏不"，或者孩子是真的不喜欢打网球，不管原因是什么，家长都应该做好心理准备，不管那天是不是会到来。记住，要不要打下去是由孩子自己决定，你所能做的仅仅是微调方向，让孩子知道你是为他们好。

比如他表现出喜欢网球的苗头，就让你报名参加了一个网球课程，但是才上了三周，他可能会说再也不想打了："我一直在追球。"

这时候，你应告诉他要坚持。一般再过几节课，他就会找到乐趣，并且愿意继续。他们往往对规则不太了解，要向他们解释并加以练习。不管怎么样，他只去了几个星期，去学习那些他觉得有趣但还不喜欢的运动，你既要理解他又要态度坚定，不要强迫他报下一期的学习，但是应鼓励他把这一期坚持上完。

年龄较大的孩子往往有更多理由来拒绝学习网球。家长应帮助孩子说出背后的原因并且告诉他的教练，观察他在练习和比赛时候的表现。下面列举的可能对你有所帮助：

（1）网球不再有趣。确定教练和孩子能够和谐相处，但是不要害怕换一个新教练。可能是孩子练得太多失去了兴趣，可以减少训练量，并且可以和家人、朋友一起训练。带他去看职业网球比赛或者巡回赛，让他重燃对网球的热爱。有时候只是暂停网球运动一两个星期去做其他事情就会让孩子无比思念网球。

（2）太多压力。孩子可能会受到来自家长、教练和队友的压力。这时候需要家长退出来，把事情交到教练手中，让他努力练习技能、技术，而不是把精力放在底线对拉成功率上面。还可以增多和家人一起打球的时间。每周训练一次网球，其他的时间从事音乐、摄影或者其他孩子喜欢的事情。

（3）把运动分为主项和副项。建议孩子把某一段时间集中注意力于一项运动。不是每周都只训练网球，建议他选择另一运动为副项。

（4）对网球技术水平的不正确评价。孩子过早地挑战那些水平过高的运动员，或者把孩子分在队友水平较低的班里，都会形成不正确的评价。

对12~14岁的孩子来说，失去运动兴趣是常见的。这些不全都由倦怠导致，也可能是他喜欢另一种运动。

如果孩子每节网球课都能学到做人的道理，无论输赢，都是值得的。记住，当你做到了该做的一切，而孩子跑到你面前说他不想参加学校网球队，想加入乐队，这时候需要控制自己，应对他说："去吧，开心就好。"

8. 关键的家长角色

很少有球员主要靠家庭的帮助达到顶峰。家庭的帮助包括许多方面：爱、金钱、精神动力、教导、旅行等。家长的角色尤为重要：他（们）决定了孩子不仅仅要成为一个网球运动员，更要成为一个健康快乐的少年。

我们常常听到一些好家长的故事，他们对孩子的成长有着积极的影响。

挑选教练的时候要认真，让教练和孩子一起制订课程、练习、比赛计划。定期和教练、孩子交流可以加强家长的积极作用。受过网球教育的家长，在孩子6~12岁时，让家长来扮演教练的角色未尝不可。但要记住最重要的一件事情是让训练变得有趣。

有时候家长干预得就太多了，比如观察孩子的每一次练习，谈论孩子的每一次失败……家长不能弄错的就是帮助设定目标、规则和纪律。

孩子的健康往往在最后才被想起，许多职业选手都会告诉你身体健康对青少年的重要性。教练的注意力往往在孩子的网球水平上，身体健康的任务就落在了家长的身上。

家长的支持可以积极影响孩子的健康。家长要坚持让孩子在运动前热身和运动后拉伸，家长应把孩子早点送到球场，这样就能腾出一些时间来做准备活动。

9. 让孩子们坚持练习

看一群小孩练习网球是件让人身心愉悦的事情。或许有一天你看到那些 8 岁的小男孩们在网球场上练习，水平都差不多，但是当你去外面度了一个月假，回来后发现至少有一个小孩长高了不少，并且网球水平大大超出了其他孩子。

一两个学期后，女孩们不仅会长得和男孩一样高，甚至会超过男孩，水平也开始进步。

让孩子对网球感兴趣是最关键的，即使你认为他当时没有足够能力进步，即使孩子自己也觉得没有天赋，你还是要支持他，因为只要他突进一下，信心和兴趣都会回来。

家长和教练能做的最好的事就是教会孩子享受网球胜负之外的乐趣。孩子尤其是女孩的身体的改变，会导致某段时间水平不稳定。在这段时间中，你永远不知道谁最后能脱颖而出。

10. 积极的施压

孩子们都喜欢自己擅长的运动，但是想要擅长就必须训练；如果训练是快乐的，孩子当然会愿意，这就是网球的哲学。当然有时候，孩子需要学习一些比较难的技术，比如双反选手想要变成单反选手，就需要付出很大的努力，这时家长就需要推着孩子前进。

家长做的这些对孩子来说好处大于坏处，如果确有需要对孩子施压，那就应该坚决，但还是尽量给孩子传导积极的信息，让孩子明白是为他好。

　　泰勒博士是一个心理学家，还是顶尖的降落伞运动选手、职业网球教练、空手道黑带高手，以及马拉松运动员、铁人三项运动员。他为"积极的施压"提了5点建议：

　　（1）设置那些强调价值的目标，这样孩子才会理解并且快乐。比如，让孩子专注于努力、责任心、合作、耐心和坚持，就好过于让孩子追求一个结果。

　　（2）让孩子经历各种情绪，不要去缓和、安抚孩子，让他们自己从中走出来。

　　（3）积极引导孩子的社交，如团队合作、文化交流或者休闲娱乐，让孩子学习其中的价值、观点和行为。

　　（4）在孩子需要选择的时候让他来选择，告诉他逃避选择是不对的。

　　（5）关注孩子喜欢的事物，他会非常开心的。

　　想要获得成功就需要付出努力，扬长避短，这就是积极施压的精髓所在。

十四、网球事业

　　孩子的网球水平可能很突出，但是这绝对不意味着他会把网球变成自己的事业，甚至一点都不想。一个优秀的网球选手可能选择当一个科学家、企业家、警察或者音乐家，你怎么知道他不会获得常春藤联盟奖学金，不会学习商业，成为一个极其成功的企业家呢？他获得的成就可能比世界第一网球运动员更大。通过访谈中美父母，我最大的感悟是：美国的家长在人生的角色中是那么的丰富和不可预测，而我们的家长是那么的单一，且目的性很强。

　　这就是说，网球可以在任何成功的事业中扮演一个重要的角色：自律、专注力、技术、战术思考以及健康的身体。最重要的是，打网球时的人际交往极其重要，不管孩子最终选择了什么职业。

1. 给成功的事业下个定义

　　美国的职业顾问会告诉你，那些早早为自己设下计划的孩子往往更容易成功。许多孩子在高中的时候才开始权衡自己选择什么事业。来自家长、教练和职业顾问的支持会让网球孩子有一个起码包括四五项事业的计划，这时候家长就要考虑其中的经济意义——这个选择需要花费多少。

选择了一条路会影响很多方面：你愿意在这个特定的事物上花费多少时间，你看什么书，你的爱好和兴趣是什么，你与哪些人交往。

事业计划中应该包括对成功的定义，其中可能包括获得的金钱和名声。不管你选择了什么事业，定义中不要忘了加上个人的幸福感和为社会做出的贡献。

2. 从职业选手转型职业教练

一个成绩平平的运动员也可以成为成功的职业教练。事实上，许多著名的教练，比如波利泰尼、米尔（PTR 创始人）和基尔伯特（曾执教阿加西、德约科维奇）之前都是成绩平平的运动员。

想要成为一个成功的教练，你需要有许多品质，如积极观察、熟练的技术、对比赛的热爱、耐心、行动执行力、专注力等。如果教的是年轻球员，那么还有一项最重要的能力：让课堂变得生动活泼。

3. 体育管理

许多优秀的运动员在结束运动生涯之后，投身体育事业当中，服务于各省市体育系统。这些职位都需要一定的文化基础学过运动学、体育管理或者工商管理。这些职位可以打开你的另一种体育事业之路。

4. 体育市场

对体育的热爱是在体育市场中获得成功的要素之一，法律、工商管理或者广告等专业的学士学位，加上丰富的管理经验，是事业成功的关键。一些大的体育市场营销公司都涉及网球运动，比如 IMG、阿里体育等。其市场运作往往集中于这三方面：体育场馆、合作市场营销和赛事营销；IMG 公司的业务还有第四种——赛事管理。

5. 职业选手

变成职业选手是年轻运动员很重要的一步。只有少数的职业运动员能够在短时间内获得高的排名和高额奖金。其他人需要在里面摸爬滚打好几年——旅行、打比赛、积累足够经验才能站在聚光灯下。所以在转为职业之前，应该好好学习了解其流程，了解职业选手需要经历些什么，这样才会让你的职业生涯轻松有趣些。

6. 奖金 VS 饭钱

成为一个职业选手意味着球员通过网球运动来谋生。这和之前打着玩是完全不一样的，很多新转为职业的运动员会发现奖金就是饭钱。

在开始阶段比赛花销较小，不需要赞助，但是转为职业运动员之后，一切都只能靠自己。除了服装和球拍不需要花钱，你不得不为自己的机票、住宿、洗衣、吃饭埋单。

圈内的人说很多职业运动员一年要花 3 万美元以上的机票钱，加上教练、住宿等，一年起码 10 万美元。这还是比赛没有满额的状态。

一个总奖金为 2.5 万美元的巡回赛，其冠军奖金才 3600 美元。如果你在第一轮就输掉了，你就只能得到几百美元，你的机票和住宿会出现赤字。这就是为什么年轻的职业运动员往往需要经济帮助才能度日，直到他们在职业赛中站稳。

除了那些一进入职业网坛就获得高名次，或者获得大笔赞助的球员，大多数球员都需要制订一个健全的经济计划。有个好的经济计划可以让选手更集中注意力于网球。

7. 什么时候转为职业选手

休伊特一边踢足球一边打网球，直到他 12 岁。在他参加了若干高水平的国家网球比赛并且发挥不错之后，决定把重心放在网球上。他 17 岁时，成为职业运动员。

转为职业运动员的决定需要依靠科学评估。但许多高水平的青年运动员在电视上看了职业选手的比赛，也决定要去参加职业比赛。这就像你喜欢在家里做菜，但是不一定能出去开餐馆一样。新的职业运动员往往会发现自己参加的巡回赛和职业比赛有很大的不同。

当然，如果孩子 14 岁以后在国内或 ITF 的比赛中的确有不错的表现，那么就需要孩子、家长、教练一起做决定了，必须要做出一个科学的评估，具体如下：

（1）能力。如前文所述，职业选手的胜利往往靠的是能力而不是努力，想要进入前 100 名需要巨大的努力，但是从 100 名到第 1 名就不是努力的问题了。你可以据孩子参加高水平比赛的表现来评估他的能力，也可以用他的身体条件、经验积累等来评估他的潜力。如果团队认为他的技术包括击球、战术、身体条件和心理承受能力能够达到职业水准，那么他就向职业选手迈近了一步。

（2）资金计划。那些赞助商对孩子有没有伸出橄榄枝呢？现在能不能拉到赞助？为什么不能？有没有可以支撑一两年的计划呢？

如果最终决定不适合马上转为职业，那么还是把重心放在练习和巡回赛上，并且关注赞助事宜，过半年之后再一起做决定。

8. 排名 vs 收入

好消息是，没有人能阻挡你获得巡回赛冠军，赢得的奖金也是一样，不管你是排名100还是第1。不过有些个人的事情，比如代言的收入、合作的赞助金以及巡回赛花销却因人而异。

这些私人因素往往依靠选手的排名和市场潜力。没有赞助商会不在意选手的排名。你要记住，制造商赞助你，是想从你这里得到更多回报。

在广告市场中，排名第15的选手可能比排名第10的选手更能带动产品销售，为什么？因为第15名的那个人更适合代言吧。同样，巡回赛的主管也会认为选手A的比赛表现才是拉动市场的关键，所以在巡回赛主管眼里，选手A理所当然能获得更多出场费。

9. ATP 和 WTA

ATP，是 Association of Tennis Professionals（世界职业男子网球组织机构）的英文缩写。WTA，是 Women's Tennis Association（世界职业女子网球组织机构）的英文缩写。WTA 是女性运动员参加的。ATP 和 WTA 根据比赛分类设置各级别的比赛奖金和积分。WTA 有四个级别的比赛，包括四大满贯和各种公开赛，总奖金为 11 万 ~300 万美元不等。ATP 包括四大满贯、大师赛和年终总决赛，比赛奖金为 40 万 ~800 万美元不等。四大满贯是网球比赛的重头戏，有最多的比赛奖金和积分，四大满贯的总奖金为 1000 万 ~2000 万不等。

10. 巡回的生活

旅行的机会、收入、友谊、媒体采访都是生活的一部分，这时你需要一个资金计划来规划行程。一个职业选手的团队根据职能应包括经纪人、教练、体能师、康复师、营养师等，但不是团队每个人都会跟到比赛现场，毕竟支出的费用需要计划。

11. 体育媒体

以前的体育媒体限于报刊、电视，现在体育媒体包括网络、自媒体等。

正规的网球赛事所需要的工作类型有很多。其中一项工作受过网球教育的运动员可以参与——解说工作。

一些有名的选手可以参与解说，因为他们具有独特的人格魅力和专业知识。当年的双料冠军麦肯罗在退役后也参与了美网的解说，而且在解说中一贯使用犀利的语言评说新生代的"小屁孩儿"。

十五、深入网球组织

1.977

（1）概况。

ITF 是世界网球的主体，成立于 1913 年。早年间，网球仅仅是娱乐项目，ITF 花费很大的精力来管理相应的比赛。1968 年，一个新王朝，职业网球开始出现。选手们组成了自己的队伍（ATP），在巡回赛中争夺比赛奖金。

ITF 最开始是反对网球职业化的。现在 ITF 主管网球运动的规则。

另外，ITF 还有它自己的比赛——青少年巡回赛：男子的戴维斯杯和女子的联合会杯，并且是奥林匹克大家庭的成员之一。

现在，ITF 拥有 210 个协会会员。

（2）青少年比赛。

在地区组织的帮助下，ITF 创立了全球性的青少年网球团队和个人赛事，其目的是让孩子从业余过渡到职业阶段。绝大多数的球员都是转为职业前于其中磨炼了自己的技术，最终取得好成绩。

青少年在这里比赛可以获得全球的单打和双打排名。为了能排出名次，选手每年起码要参加 6 场比赛，其中 3 场应该在国外，另外 3 场必须是 A 级赛事。

ITF 还举办 4 场青少年网球团体冠军赛，分别是 14 岁的世界青少年网球比赛、男孩参加的青少年戴维斯杯、女孩参加的单打青少年联合会杯和 18 岁参加的青少年团体比赛。

2.WTA

（1）平等的回报。

让人沮丧的是，在 2002 年，排名第 37 的男子选手克莱门特比排第 15 名的女子选手施耐德获得了更多的比赛奖金。帕姆·施莱弗是网球名人堂成员，一直在为男女不平等薪酬努力。

我们需要感谢帕姆·施莱弗和其他人。他们的努力渐渐有了回报，如今美国网球公开赛和澳大利亚网球公开赛男女薪酬一样了。英国温布尔登和法国法网的男女奖金差也在缩小，但是还没有完全平等。

女子网球经历了漫长之路，在 1970 年的太平洋巡回赛上，其主管拒绝修改奖金——男子是 12500 美元，女子只有 1500 美元。最终，比莉·简·金和她的团队离开了那个巡回赛之后组办了自己的比赛组织 WTA。她成为WTA 的第一任主席。

在 1971 年，原本只有 3 项网球赛事，突涨到了 19 个巡回赛。自那以后，女子网球越来越强大。现在的 WTA 有 54 站比赛以及四项大满贯赛事，分布在 33 个不同的国家或地区，其总奖金超过 1 亿 3900 万美元。

（2）董事会。

WTA 是一个非营利的组织，注册在佛罗里达州，它的成员为球员、巡回赛方以及 ITF。

WTA 董事会有三名运动员代表，三个巡回赛指导，一个 ITF 代表，两个非关联的指导以及一个 CEO。

（3）巡回赛。

WTA 的赛事包括四大满贯等 60 几项赛事，一级巡回赛起码的奖金超过 126 万美元，5 级巡回赛的奖金为 11 万美元。

除了获得奖金，选手还可以获得积分。比赛场地有硬地和红土，选手往往需要发挥俱佳才能获得好名次。

超过一半的巡回赛在欧洲，只有十几个在美国。现在在亚洲的比赛逐渐增多，尤其是在中国。赛季结束时，选手的比赛旅程与地球的一圈差不多。

（4）承诺。

网球和网球商业像在玩约会游戏一样，只要这种游戏存在，两者关系就会紧密。想一想，只要比赛一直在进行，电视收视率也高，那么皆大欢喜，但是当其中一个不那么配合，大家的日子就不好过了。

WTA 制订了一个球员承诺表，由 16 名电脑排名靠前的球员和 4 名其他球员组成。其名单叫作金名单，这 20 名球员又将进行市场能力排名。

市场营销家把他们定义为活动的产品。例如，一个在电脑上排名第 10 的选手可能在金名单上排名第 3，仅仅是因为她更有市场。所以我们可以看到，这个名单是有一定主观性的：一个没有进入前 20 的职业选手也有可能获得在金名单上出现的机会，仅仅因为她可以把观众留在座位上。

对于选手来说，在金名单上排名很高意味着有更多机会参加顶级比赛，并且争夺年终奖金。让金名单上的人在球场上比赛是对 WTA 的承诺。

（5）教练。

在 20 世纪 90 年代早期，卡普里亚 14 岁就转为了职业运动员，但因为个人过度紧张和药物问题而影响了职业生涯，离开了高水平的竞技。之前，她在 WTA 中销声匿迹近两年半时间。

WTA 对此有两项新措施，年龄限制和指导比赛。年龄小于 14 周岁的球员不再允许加入 WTA；14 岁之后，第一年只能参加少数几项巡回赛，随着年龄的增加巡回赛可以参加更多。这些限制会在 18 岁时解除。

指导比赛方面，少年球员需要一个前职业运动员作搭档（教练），不是像家庭教练那样，这个搭档需要知道比赛的第一手资料。李娜和卡洛斯就是一对很好的例子，他们一会在合作前通过电话、邮件等交流一段时间以彼此熟悉。

3. ATP

汉密尔顿·乔丹，是卡特总统任期间的白宫主管。他曾为了公民权利而斗争，当志愿者反对越战，和伊朗谈判主权问题，在三次癌症下逃生，他的勇士精神是那么鼓舞人。1989 年，ATP 网球选手的联盟决定从男子网球评议会中独立出来。

那一年，ATP 由乔丹引导，掌管了世界上所有男子比赛，除了四大满贯。后来组织转变成了会员制，每个人都有发言的权利。

（1）平衡。

从 ATP 的董事会组成就可以看出其团结：3 个球员代表，3 个巡回赛代表，1 个 CEO。董事会成员从球员评议会和巡回赛评议会中选出来。后来，ATP 增加了一个建议评议会，用于把网球和商业结合起来。

（2）会员。

一个球员想要进入 ATP，只有一个方式，就是打球，努力打球。单打中排名前 200 名和双打中排名前 100 名者可以进入分会一，可以用于各种保险和旅行打折。排名 500 以内的单打运动员和 250 名以内的双打运动员，被分入分会二。

全球共有 70 个巡回赛，4 个大满贯，还有 9 个大师赛以及年终总决赛，这些都是众星云集的地方，奖金也颇高。

为了测试谁是合格者，ATP 用两个排名系统——ATP Entry（52 周赛排名）和 Champions Race（冠军赛排名），都是数字计算的，并且由电脑分析。

注意：没有巡回赛会因为不喜欢你的爆炸头而把你留在场外，但是会因你穿无袖衣服而被拒绝参赛。

（3）名次。

ATP 排名决定了你是否能参加比赛。名次由比赛中的成绩决定，选手一般可以获得两种积分：奖金积分和轮次积分。

轮次积分由比赛决定。比如 B 选手第一轮就离开大师赛，他只能获得 5 分的积分，而巡回赛的冠军可以获得 500 分。

奖金积分是用来奖励打败高排名选手的，比如打败世界第一，可以获得 50 分。如果你打赢 150~200 名次的选手，这个积分可以忽略不计。

现在来说有趣的事——排名。分数统计员不会只把分数统计在一起，然后把积分最高的那个标为第一，这样的话一个菜鸟只要每场巡回赛都参加，一点一点积累分数，也可以得到一个好的排名。

ATP 的系统积分来自四大满贯、九个大师赛等，取其其他巡回赛的最好的 5 次成绩，一般来说是过去 52 周内的成绩。

当一个选手没有资格打那 13 个重要的比赛，那么他可以参加其他巡回赛。如果他因为运气不好没有参加那些可以参加的比赛，他也会被计算成参加了并且积分为 0。这就是让大明星在其他巡回赛出场的残酷方法。

（4）Champions Race。

ATP Entry 的系统根据 12 个月的时间来轮回，但是 Champions Race 不一样，是按照日历来的，每年一月份所有选手的积分都清零。

Champions Race 有独立的积分系统，但是在积分分配上和前者无异，到年末前 7 名运动员可以在总决赛上一决高下，第 8 个位置是由第 8~20 名中四大满贯成绩最好的选手来坐的。

在 Champions Race 中得分最高的就是世界第一，前 50 名都有可观的圣诞节奖金。ATP 宣称这样可以在高水平比赛中有对抗又有表演。

4. 大满贯

大满贯是网球比赛的重头戏，因为其巨额奖金和人气，球员都向往。电视等媒体还会为了争夺转播权而竞争。

最近一项由运动管理协会提出的数字表明，美国网球公开赛一年就要赚 4 亿美元，比其他每年举行的体育娱乐项目都要多。

5. 青少年冠军

我们都知道，澳网和美网都是在硬地上比赛的，温网是在草地上比赛，法网是在红土上比赛。这四个赛事是世界上最有钱的职业比赛了。我们也知道这些比赛有最多的参赛者，一般是 128 名。

没有人能比 2002 年青少年温网比赛中的亨利更努力的了。这个年轻的澳大利亚人打破了纪录，和 morel 进行了马拉松般的大战，因为下雨中断了三次，一共打了 75 局。那时候没有抢七，亨利最终以 7∶5，6∶7，26∶24 胜利。

6. 预选赛

在正赛开始前的一个星期，128 名预选赛选手需要进行比赛，前 16 名能进入正赛。即使第一场输了，也有 3000 美元的奖金，应该够回家的机票了吧。

每个大满贯有其自己的主办方，比如澳大利亚网球协会主办澳网。1989 年，四大满贯第一场组成了大满贯协会来商讨规则，大满贯对业余选手和职业选手都开放。

7. 国际网球名人堂

赌场和网球，在拉斯维加斯同样出名。拉斯维加斯也是阿加西的故乡。

新港赌场，成立于 1881 年，在 1954 年被美国网球协会改为网球名人堂，并在 1986 年获得了 ITF 的认证。建立名人堂是为了铭记历史、激励后人、传扬网球运动以及为全世界网球迷建立一个圣地。

名人堂的提名，依据网球选手的比赛成绩。这个大堂里呈现了名人们的成就，记录了他们的故事。在这里，你可能会看到一个小孩在里面参观，他会是下一个罗德拉沃尔吗？